KB113159

미친 꿈에 도전하라

1톤의 생각보다
1그램의 행동이
필요한 사람들을 위한

미친 꿈에 도전하라

드림자기계발연구소장 권동희 지음

위닝북스

업데이트 없는 업그레이드는 없다

나의 첫 번째 베스트셀러 《당신은 드림워커입니까》로 자기계발 작가와 동기부여 강사가 되었다. 현재 대학과 기업, 관공서, 단체, 중·고등학교 등에서 강연을 하며 바쁘게 보내고 있다. 평범한 직장인에서 꿈을 이룬 작가, 동기부여가로서의 삶은 불과 1년 만에 일어난 기적 같은 일이다.

내 강의를 들은 사람들 중 일부는 자신의 삶의 목적 또는 방향을 얻었다고 말한다. 젊은 청춘들에게는 젊은 CEO, 작가, 동기부여가로서 롤모델이 되기도 한다. 책을 읽은 몇몇 독자들은 집 근처를 찾아와 자신의 이야기를 털어놓으며 도움을 요청하거나 간절히 멘토가 되어달라고 한다.

나는 나에게 조언을 구하는 사람들에게 그 사람의 사소한 것부터 시작해 미래에 대한 큰 그림까지 조언을 한다. 내가 남들과 똑같은 삶의 스토리를 가지고 있다면 그들이 그렇게까지 나를 찾지는 않을 것이다. 그들은 보통사람들과 구별이 되는 다른 이야기를 듣고자 나를 찾아오는 것이다. 결국 내 인생 역정을 통해 그들도 나처럼 살고 싶다는 기대와 희망을 느꼈으리라.

나는 올해 6월 《당신은 드림워커입니까》를 출간했다. 그리고 이번에 출간되는 《미친 꿈에 도전하라》는 꿈을 '이룬 뒤'에 집필을 시작하게 되었다. 사람들에게 1인 기업가로서 성공한 모습을 보여주고 싶었기 때문이다. 지독히 가난했던 데다 고졸 출신인 나도 해냈으니 나보다 더 유리한 조건에 있는 당신도 할 수 있다고 용기를 주고 싶었던 것이다.

나는 매일 집 근처 스타벅스로 출근한다. 혹자는 스타벅스에 취직했나, 하고 의아해할 수도 있겠다. 취직은 아니고 아메리카노를 마시며 책을 읽거나 책을 쓰기 위해서다. 요즘 유행하는 말이 있다. '오피스리스 워커' 오피스 없이 일하는 사람, 즉 어느 공간도 사무실로 만들 수 있는 사람을 말한다. 스마트폰, 노트북만 있으면 자유롭게 선택에 의한 일을 할 수 있는, 자유로운 구속을 즐기는 사람이다. 그렇다. 나는 정형화 된 조직을 나와 하루하루가 새날 같은 오피스리스 워커로 살아가고 있다. 내가 직장인에서 오피스리스 워커로서의 삶을 택한 뒤로 많은 사람들이 나를 롤모델로 삼고 있다.

나는 요즘 지인들로부터 "'엄지족'이 되었다."라는 말을 자주 듣는다. 그런가 하면 나는 끊임없이 배우고, 도움을 주기 위해 책을 읽고, 강연 프로그램을 준비하고, 멘토링 등 자기계발을 아낌없이 하고 있다. 보통의 일과는 12시가 넘어서 끝난다. 하지만 중요한 것은 이 일은 내가 좋아서, 스스로 신나서 하기 때문에 전혀 피곤하거나 힘들다는 생각이 들지 않는다는 것이다. 그러니 이보다 더 행복한 삶이 어디 있으랴.

얼마 전 생방송 TV 출연을 계기로 젊은 사업가이자 드림자기계발연구소 대표로 널리 알려지자 대학과 기업, 단체, 기관 등에서 강연이 쇄도하고 있다. 지금 나는 미래에 당연해질 일을 조금 빨리 하는 것뿐이다. 우리는 과거가 아닌 미래로 나 자신을 평가해야 한다. 그런데 안타깝게도 많은 사람들이 자신의 과거의 모습으로 자신의 미래를 판단한다. 그래선 안 된다. 이젠 인생을 바라보는 패러다임을 바꾸어야 한다. 무한한 가능성을 가진 청춘이라는 이름 아래 미래의 결과로 당신을 바라보아야 한다.

은퇴 후가 아닌 젊은 나이에 성공하자고 한다면, 이루고자 하는 꿈을 종이에 적고, 말하고, 그렇게 된 것처럼 행동해야 한다. 나는 단지 남들보다 조금 다르게 나의 미래 가치에 투자했기 때문에 지금의 자리에 있게 되었다.

20세기 최고의 복서 무하마드 알리는 이런 말을 했다.

"자신을 믿지 못하기 때문에 도전을 두려워한다. 그러나 나는 나를 믿는다."

당신의 인생은 지금부터 시작이다. 내가 주체가 되어 선택하고 결정하라. 주도적인 인생을 살 때 미래는 휘황찬란해진다. 한 번뿐인 인생, 최고로 가슴 뛰는 인생을 살아야 하지 않겠는가.

나는 나 자신을 믿는다. 그래서 지금 이 자리까지 올 수 있었다.

드림워커 권동희

CONTENTS

프롤로그_ 업데이트 없는 업그레이드는 없다 …… 4

Part 1

나는 꿈꾼다, 고로 존재한다

나는 꿈꾼다, 고로 존재한다 …… 15

스펙 쌓기로 청춘을 낭비하지 마라 …… 23

시작하는 청춘은 늘 아프고 불안하다 …… 32

스무 살, 내가 돈을 택한 이유 …… 40

꿈은 절대 배신하지 않는다 …… 48

힘들 때 나를 지켜주는 건 결국 꿈이다 …… 55

희망으로 실패의 강을 건너라 …… 61

Part 2

노력은 보이지 않는 차이를 만든다

청춘은 청춘에게 주기에는 너무 아깝다 …… 71

소설보다 자기계발서를 읽어라 …… 78

노력, 그 보이지 않는 차이 …… 87

지금 이 순간, 인생에서 가장 중요한 시간이다 …… 94

회복탄력성 지수를 높여라 …… 101

꾸준한 노력은 불운마저 행운으로 바꾼다 …… 107

성공에 대한 세 가지 진실 …… 114

Part 3
기적은 기적처럼 오지 않는다

넘어지고 싶어 하지 않는 너에게 …… 125

기적은 기적처럼 오지 않는다 …… 133

청춘, 현재의 기쁨을 내일로 미뤄라 …… 142

미래에 대한 불안으로 힘들어하는 너에게 …… 149

부정적인 생각을 버리는 연습을 하라 …… 156

마음껏 아프고 낙심하더라도 끝끝내 무릎 꿇지는 마라 …… 162

꾸준한 노력이 답이다 …… 171

Part 4
그대는 눈부시지만 나는 눈물겹다

고비를 잘 견디면 뒤집는 패가 된다 …… 181

그대는 눈부시지만 나는 눈물겹다 …… 188

인생은 한 권의 책이다, 그대는 책을 쓰고 있다 …… 195

실패는 있어도 좌절은 없다 …… 203

청춘의 모퉁이에서 콜모넬을 만나라 …… 211

Part 5

기억하라, 청춘은 눈부시게 아름답다

세상살이가 더 힘든 이유 …… 221

결국, 인생은 선택의 연속이다 …… 229

기억하라, 청춘은 눈부시게 아름답다 …… 238

시련과 역경이 나를 키운다 …… 246

내 꿈은 아직도 현재 진행형이다 …… 254

"꿈을 품고 무언가 할 수 있다면 작은 일이라도 시작하라.
새로운 일을 시작하는 용기 속에 당신의 천재성과 능력,
기적이 모두 숨어 있다."

−괴테−

Part 1

나는 꿈꾼다,
고로 존재한다

나는 꿈꾼다, 고로 존재한다

　　대부분의 사람들은 자신보다 우월한 사람들을 보면 그동안 그가 걸어왔던 인생 역정은 무시한 채 그저 '운이 좋은 탓'이라고 치부한다. 그렇게라도 그들의 힘겹고 치열했던 과거를 무시해야만 자신에게 위로가 되기 때문이다.

　　서른 살에 첫 책《당신은 드림워커입니까》를 출간하고 드림자기계발연구소 소장, 위닝북스 대표가 되어 동기부여 강의 및 방송을 하는 나 역시 많은 사람들로부터 비슷한 말을 듣고 있다.

　　"젊은 나이에 사업이라, 운이 좋으신가 봅니다."

　　"책 쓰는 실력을 타고났나 봐요."

　　이런 말을 들으면 나도 모르게 기분이 언짢아진다. 지금의 내가 되기 위해 쏟아야 했던 땀과 노력, 눈물 그리고 수없는 시련과 역경 앞에서 좌절하고 방황하며 힘들어했던 날들이 아무것도 아닌 것처럼 여겨지기 때문이다. 그러나 이제 나는 사람들의 그런 무성의한 말에 상처를 받지 않는다. 이런 부류들은 대부분 성장하기보다 그 자리에 머물러 있는 사람들이기 때문이다.

30대 초반에 들어선 지금에서야 어떤 자세로 인생을 살아야 하는지 비로소 깨달았다. 가난하고 힘들수록, 나의 과거와 현재가 아닌 미래에 가치를 둔 꿈을 가져야 한다는 것이다. 미래에 가치를 둔 꿈일수록 당신의 희망과 가능성은 활짝 열리게 된다. 현재에 초점을 맞추어선 안 된다. 현재에 초점을 맞추면 남이 보는 만큼만 내가 보인다. 그래서 힘들다. 이제는 스스로가 자신의 미래를 그리고 어떤 어려움이 있더라도 그 꿈을 놓지 말아야 한다. 당신은 지금 저평가 된 우량주다. 실제로 당신의 가치는 상당히 높다. 미래에 가치를 두고 과감히 미친 꿈에 투자하라.

잠시 내 이야기를 하겠다. 명문대를 나온 것도, 가진 것도 없었던 내가 지금처럼 내가 좋아하고 남들이 부러워하는 일을 하며 밥을 먹고 살 수 있는 것은 다름 아닌 '작은 투자' 덕분이었다. 10년 전에는 지금과 같은 베스트셀러 작가, 동기부여 강사와 같은 거창한 꿈은 없었다. 생각조차 할 수 없던 현실이었다. 그런 현실 속에서 내가 처음 시작한 것이 자기계발 서적을 읽는 것이었다. 서점에 가면 늘 가장 먼저 자기계발 코너로 달려갔다. 오늘은 어떤 책을 읽을까, 하는 생각으로 가슴이 두근거렸다. 진열된 베스트셀러 책들을 만지작거리며 나도 꼭 저들처럼 가치 있고 부러운 인생을 살아야지, 라는 꿈을 가졌다.

그렇게 그들처럼 새벽에 기상을 하고, 책을 읽고, 운동을 하며, 영어 학원을 다니게 되었다. 그 어디에서도 성공자를 만나본 적이 없던 내가 초창기 했던 행동들은 남들이 말하는 기본적인 자기 투자였다. 아주 간단한 시작이었다. 책을 통해 성공자들을 연구, 분석해가면서 그들이 시키는 대로만 했다. 몇 년간 이런 과정이 더해지자 조금씩 나의 사고와 행동이 바뀌기 시작했다. 마음속에 할 수 있다는 자신감이 가득 찼다.

그 당시 친구는 뒷전이었는데, 친구들은 그런 나를 화성인 취급했다. 그러나 나는 그들이 나를 어떤 시선으로 보더라도 아랑곳하지 않았다. 나에게는 나의 가슴을 뛰게 하는 시간들이었기 때문이다. 아무것도 가진 것이 없는 나에겐 성공자를 따라 하는 기본적인 행동들 외엔 나를 행복하게 할 수 있는 것이 없었다.

오랜만에 만난 한 친구가 그즈음 나의 일상을 듣더니 감탄사를 연발하며 말했다.

"우와! 너 정말 대단하다. 완전 변했어. 그런 에너지는 어디서 나오니?"

누군가가 나의 행동을 인정하고 감탄사를 던진다는 것이 너무나 행복했다. 그때 그 친구는 "넌 반드시 성공할 거야."라는 말도 덧붙였다. 사실 그때까지도 내가 살아가야 할 정확한 그림을 그려볼 수는 없었다. 하지만 그 친구의 말을 듣고 보니 나에게도 무언가 '미친 꿈'이 있을지도 모른다는 미래에 대한 열망이 생겼다. 그렇게 해서 점점 내가 원하는 나를 찾기 시작했다. 아직은 너무 희미해서 정확히 무엇을 해야 되는지는 모르겠지만, 세포 하나하나를 성공자의 세포로 채우기 시작한다면 분명 선명한 미래를 그릴 수 있겠다는 확신이 들었다. 드디어 저평가 된 우량주인 나 자신을 발견하게 되었다.

그즈음 직장생활을 하고 있던 나는 '외국에 나가서 새롭고 다양한 경험을 하면 어떨까?' 하는 생각이 늘었다. 새롭고 다양한 경험을 통해 '또 다른 나'를 만나보는 것이 훨씬 수월하지 않을까, 하는 생각에서였다. 그리고 일주일 후 한 홈페이지에서 워킹홀리데이에 대한 정보를 보게 되었다. 사실 한 번도 외국 경험이 없던 터라 대화도 되지 않는 타지에 간다는 것이 두렵기도 했다. 그렇게 고민한 지 한 달이 되어갈 때였다. 에이전시에서 한 통의 전화가 걸려왔다. 현지인 집에서 숙식을 하며 아이를 돌보면서 주급을 받는 '오페어 프로그램'이 생겼다는 소식이었다. 그때 나는 꼭 가야만 한다, 라는 확신이 들었다. 하늘이 나를 돕는다는 생각마저 들었다. 무언가에 도전할 수 있고, 희망이 있다는 것은 정말 짜릿한 기분이었다. 그렇게 해서 나는 스물네 살에 한국을 떠났다.

가끔 과거의 내가 성공자의 작은 습관을 실천하지 않았더라면, 지금쯤 나는 어떤 인생을 살고 있을까, 라는 생각을 해본다. 지금과 같은 인생의 주인공이 되지 않았을 테고, 그 결과 원하지 않는 인생을 살아가고 있지 않을까.

전 애플의 CEO 스티브 잡스. 그가 성공할 수 있었던 비결 가운데 한 가지를 꼽는다면 '미친 꿈'을 들 수 있다. 그는 항상 가슴에 꿈을 품고 살았다. 과거의 그는 누구보다 초라하고 힘든 시기를 보냈지만 '컴퓨터로 세상을 놀라게 하겠다'라는, 미래에 가치를 둔 꿈 덕분에 견뎌낼 수 있었다. 아니, 견뎌냈다는 말보다 성숙하고 발전했다는 말이 옳은 표현일 것이다. 그는 자신의 꿈을 실현하기 위해 최선을 다했고 그 결과 아이콘 클릭만으로 프로그램을 여는, 지금은 필수가 된 컴퓨터 혁명을 이끌 수 있었다.

지난 2005년 그가 스탠퍼드대 졸업식에서 했던 연설이 떠오른다. 이 연설에서 그는 졸업생들에게 진정으로 원하는 일을 하라고 조언했다. 즉 꿈을 가지라는 말이다.

"일은 인생에서 대부분을 차지합니다. 진정으로 만족하는 일을 찾아보세요. 여러분이 아직 발견하지 못하셨다면 계속 찾으십시오. 안주하지 마십시오. 가슴으로 느껴지는 모든 일이 그러하듯 그것을 발견하면 알게 됩니다. 그리고 멋진 관계가 그러하듯이 시간이 흐를수록 더 좋아질 겁니다. 아직도 그런 일을 찾지 못했다면 계속 찾으십시오."

그는 꿈을 찾고 일을 찾아 노력한다면 시간이 흐를수록 성공적이고 부러운 인생을 살 수 있다고 말한다. 그 역시 자신이 만든 회사에서 해고되는 등 숱한 어려움을 자신만의 미친 꿈의 힘으로 극복할 수 있었다.

2006년 〈포브스〉 선정, 중국 부자 랭킹 1위에 오른 태양전지업체 썬텍의 스정룽 회장. 그에게 한 기자가 "중국 최고 부자인 당신에게 부의 의미는 무엇인가?" 라고 물었다. 그러자 그는 이렇게 답했다.

"돈은 일하는 과정에서 저절로 생기는 부산물이다. 지혜와 근면의 보답이다. 나는 젊은 사람들에게 '돈을 좇아가지 말라' 고 충고한다. 자신의 수입이 얼마인지 따지는 시간에 어떻게 하면 창조적이고 혁신적으로 나아갈 수 있을지를 생각하라고 말한다."

주위에 보면 생계를 위해 일하는 사람들이 수두룩하다. 이런 사람들에게서는 일에 대한 열정이나 미래에 대한 어떤 희망도 엿볼 수 없다. 매일같이 피곤에 절은 모습이다. 이들에게 있어 가장 반가운 날은 월급 받는 날과 주말이다. 반면에 자신의 일에서 재미와 기쁨을 느끼는 사람들도 있다. 이들은 '어떻게 하면 일을 더 잘할 수 있을까?',

'어떻게 하면 좀 더 나은 성과를 발휘할 수 있을까?' 고민한다. 이런 고민은 자기계발로 이어진다. 그 결과 하루하루가 다르게 발전하게 된다. 두 사람 가운데 어떤 사람이 성공적인 인생을 살아갈 수 있을까? 성공은 차치하고라도 누가 더 행복한 인생을 살 수 있을까? 그렇다. 후자다. 자신이 원하는 일을 하며 살아갈 때 행복한 생활을 만끽할 수 있기 때문이다.

앤드루 저커먼은 저서 《위즈덤》에서 미국을 대표하는 극사실주의 화가이며 판화가, '포토 리얼리즘'의 창시자인 척 클로스의 말을 이렇게 들려주고 있다.

"많은 사람들이 금요일을 기다립니다. 기다리는 정도가 아니라 학수고대합니다. 그리고 지겨운 닷새의 삶을 보상이라도 받으려는 듯 주말 동안 안간힘을 씁니다. '나는 재미있게 놀아야 해. 나는 끔찍했던 지난 5일을 어떻게든 보상받아야 해. 그러기 위해선 장난감이 필요해. BMW 컨버블이 필요해. 요트가 필요해.'

나는 사람들이 어떻게 그렇게 사는지 상상할 수가 없어요. 내가 보기엔 정말 미친 것 같거든요. 아무리 높은 연봉이라도 일상생활의 일부로서 즐거움이 없는 삶을 나는 살 수 없습니다. 자본주의 체계란 놀라울 정도로 못돼먹은 겁니다. 80% 이상의 사람들이, 생계를 위해 하는 일에서 아무런 즐거움을 얻지 못한다고 합니다. 대부분의 사람들의 인생이 그렇습니다. 정말 미쳤어요."

지금 당신은 인생에서 가장 중요한 시기를 보내고 있다. 눈부신 미래를 창조하고 싶다면 가장 먼저 미친 꿈을 가져라. 그 꿈을 단단히 붙잡고 실현하기 위해 분투하라. 꿈은 특별한 사람들만의 전유물 같지만 결코 그렇지 않다. 꿈은 반드시 실현된다는 것을 확고히 믿고 꾸준히 노력하는 사람의 것이다. 이런 사람이 꿈을 이룬다. 그래서 꿈을 이룬 사람들, 성공자들을 보면 하나같이 지독하리만치 끈질긴 노력파들이다.

20대 때 가졌던 꿈이 지금의 나를 만들었다. 그래서 '나는 꿈꾼다, 고로 존재한다'는 말을 자신 있게 할 수 있다. 지금 당신은 어떤 꿈을 가지고 있는가? 지금 가지고 있는 꿈이 미래의 씨앗이라는 것을 기억해야 한다.

스펙 쌓기로 청춘을 낭비하지 마라

요즘 대학가는 그야말로 스펙 쌓기 전쟁이다. 총성만 안 들릴 뿐이지 피 튀기는 전쟁터를 방불케 한다. 그래서일까, 3월이 되면 대학 새내기로 거듭날 예비 대학생들마저 벌써부터 '스펙 쌓기'에 한창이다. 예전 같으면 수능시험 이후 대학 입학 전까지 3개월여의 기간 동안 그동안 해보지 못한 것을 하며 즐기곤 했는데 지금은 '호랑이 담배 피우던' 시절 이야기가 되었다. 대부분의 예비 대학생들이 사전 학점 취득, 영어 점수 만들기, 자격증 따기 등의 예습과 함께 스펙 쌓기에 매진하느라 여유가 없기 때문이다.

수시모집으로 2013학년도 대입을 확정 지은 예비 대학생 김희영 양. 그녀는 대입 합격 통지서를 받은 이후 줄곧 집 근처 영어학원에서 토플 공부를 하고 있다. 향후 2년 안에 영어권 교환학생 프로그램 지원을 희망하고 있다. 이와 함께 그녀는 인터넷 사이트를 통해 영어권 교환학생 수와 지원 자격 등의 세부 사항들을 미리 확인하고 이를 바탕으로 토플 성적 스펙 쌓기에 두 팔을 걷어붙이고 있다.

이렇게 예비 대학생들의 사정도 만만치 않은데 졸업을 앞두고 있는 학생이나 졸업생들은 어떨까? 다음은 《당신은 드림워커입니까》를 읽은 독자가 보낸 메일 중 하나다. 불안하고 초조한 그녀의 마음을 엿볼 수 있다.

"올해 스물여덟 살 된 여자입니다. 현재 대학은 지방 건축학과 5년제를 2월 달에 졸업한 상태이고요. 너무 노는 것을 즐거한 나머지 쌓아놓은 스펙이 하나도 없습니다. 토익도 500점을 겨우 넘긴 수준입니다. 건축기사 자격증을 따기 위해 이번에 2회 실기를 치렀지만 56점으로 불합격했습니다.

남들 다 갖고 있는 스펙인 유학, 봉사활동 등 가진 것이 하나도 없네요. 이런저런 상황을 따져보았을 때 저에게 불리한 점이 한두 가지가 아니라는 것을 깨닫습니다. 이미 졸업했다는 점, 자격증, 토익, 유학, 봉사활동의 스펙이 없다는 점, 그리고 전 건축공학과가 아니라 건축설계 졸업생이라서 건설회사 입사 시에 불리하게 작용될 것도 같고 무엇보다 나이가 곧 30대라서 너무나 불안하고 초조합니다.

저는 앞으로 어떻게 해야 할까요? 마음 같아서는 내년에 취업하더라도 남은 기간 열심히 공부해서 건축기사와 건설안전기사 자격증을 취득하고 토익 점수도 어느 정도 더 올려보고 싶습니다. 하지만 이미 졸업했다는 점과 나이가 너무 걸리네요. 그렇다고 현재 제가 가진 스펙으로 취업하자니 중소기업에나 겨우 들어갈 정도이고요.

부모님은 자꾸 건축공무원을 준비하라시는데, 집 형편이 좋지 않아서 한 번에 붙는다는 보장이 없으니 부담스럽기만 합니다. 정말 답답하기만 합니다. 소장님은 현재 제가 가장 부러워하는 인생을 살고 계십니다. 저도 〈드림자기계발연구소〉 프로그램 중 하나에 참여해 드림워커처럼 살고 싶습니다."

글을 올린 그녀의 초조함이 글에 그대로 묻어난다. 그러나 비단 그녀만의 문제는 아니다. 지금 동시대를 살고 있는 대부분의 청춘들이 겪고 있는 통증이다. 나는 이런 메일을 수십 통씩 받는다. 그리고 메일을 보낸 사람들에게 〈드림자기계발연구소〉에서 진행하는 '드림워커 프로그램'에 참여하라고 권한다. 참여한 학생들은 하나같이 자신이 주체가 된 삶을 살고 있다. 또, 자신의 재능을 나눌 수 있으므로 무엇보다 자존감이 높다.

20대들에게 스펙은 취업과 진학에 결정적인 영향을 미치는 학력과 성적, 교내외 활동 등을 통칭하는 말이 된 지 오래다. SBS 여론조사 결과, 20대의 86%가 '대학 때 스펙을 관리하지 않으면 취업할 수 없다'고 생각하는 것으로 나타났다. 스펙 관리를 위해 해외 어학연수를 다녀와야 한다는 의견도 52.4%로 절반이 넘었다. 사정이 이렇다 보니 아르바이트로 비용을 마련해 스펙을 관리하는 학생들도 많다.

나는 문득 '취업에서 스펙이 얼마나 큰 비중을 차지할까?'라는 의문이 들었다. 이 의문에 대한 답을 찾기 위해 '드림워커 프로그램'에 참여한 여러 20대들을 만나 대화를 나누었다. 그 가운데 대학에서 경영학을 전공하는 J 회원과 대화를 나눌 기회가 있었다. 그는 어학연수비 등을 마련하기 위해 인터넷 강의 업체에서 동영상 촬영 아르바이트를 하고 있었다.

"돈이 안 들어가는 데가 없더라고요. 대학생의 입장에선 늘 돈이 부족하니까 뭐 하나라도 배우고자 하면 힘든 부분이 한두 가지가 아니에요."

교육학 석사 과정에 있는 H 회원은 대학원 진학에 앞서 3년 동안 직장까지 다녔다.

"공부도 하고 일도 해야 하는 부분이 굉장히 힘들 텐데 주변에서 어떻게 하냐고 물어보시곤 해요. 물론 힘든 부분도 있지만 돌아보면 보람되는 부분도 있기 때문에 나름대로 열심히 하려고 노력하고 있어요."

그렇다면 스펙이 입사 때 얼마나 큰 힘을 발휘할까? 기업의 인사 담당자들의 생각이 궁금했다. 《회사는 미래의 당신을 뽑는다》의 저자이자 현 대기업 인사 담당자인 이은영 씨의 말이다.

"대부분의 학생들은 토익, 공모전, 인턴십, 이런 것들이 성공적인 취업으로 이어진다고 여기고 있습니다. 그러나 실상은 그렇지 않습니다. 그렇게 남들 다 할 수 있는, 돈만 들이면 할 수 있는 영역보다는 본인만의 독특한 경력을 쌓아서 취업을 준비하시는 것이 훨씬 도움이 됩니다."

취업 준비생들과 인사 담당자들의 생각이 판이하게 다르다는 것을 알 수 있다. 남들 다 갖는 스펙을 만들기보다는 자신이 가장 좋아하는 분야에 집중하는 것이 취업문 공략에 효과적이라는 말이다. 나는 남들 따라 스펙 쌓기에 여념이 없는 청춘들을 보면 안타까움을 금할 수 없다. 스펙이 남들과 같다는 것은 스펙이 없다는 말과 같기 때문이다. 차라리 스펙을 쌓는 시간에 자신의 강점과 자신의 관심 분야에 대해 생각해보는 것이 장기적으로 보았을 때 도움이 된다.

성공한 사람치고 스펙을 만들어서 정상에 선 사람은 없다. 물론 '스펙의 왕'이 되어 원하는 기업에 취업하는 데 성공할 수도 있다. 하지만 취업했다고 해서 고난이 끝나는 것은 아니다. 오히려 그 반대다. 취업 후가 더 힘들다는 것을 알아야 한다. 그래서 많은 사람들이 그토록 원했던 기업에 입사했으면서도 몇 년도 채 지나지 않아 제 발로 퇴사하는 것이다. 그러나 자신의 분야에서 성공한 사람들은 남들이 스펙 쌓기에 매진할 때 자신의 강점과 관심 분야를 깊게 파고들었다. 그 결과 전문가가 될 수 있었다. 무엇보다 원하는 일을 했기에 자신의 열정을 고스란히 쏟을 수 있었고, 걸출한 성과를 발휘할 수 있었다.

페이스북 창업자 마크 저커버그의 성공 신화를 꿈꾸는 '소셜네트워크' 대표 박수왕이 있다. 2010년 1월에 번 인세를 자본금으로 삼아 '소셜네트워크'를 창업한 그는 연 30억 원 이상의 매출을 올리고 있는 성공한 20대 젊은 CEO다.

박 대표는 대학생 때부터 기숙학원에 김치를 납품하거나 공연 물품을 유통하는 사업을 시작했다. 취업 스펙을 쌓아 기업에 입사하는 것보다 사업에서 최고가 되고 싶다는 열망 때문이었다. 좀 더 솔직히 말하면 시험 점수에 따라 평가되는 대학, 이력서 등으로만 입사가 결정되는 직장에서 최고가 될 자신이 없었기 때문이다.

그는 자신이 누구보다 가장 잘할 수 있는 일을 하기로 마음먹었다. 사업은 곧잘 되었지만 소송에 휘말리면서 사업을 접고 군대에 가게 되었다. 하지만 입대 후에도 그는 다른 사업은 없을까, 라는 고민을 거듭했다. 그러다 문득 책을 내면 어떨까? 라는 생각이 들었다. 대한민국 남자라면 피할 수 없는 것이 바로 군대다. 그 시간을 미래를 위한 준비 기간으로 사용하는 지침서가 있다면 긍정적인 군대생활이 될 것이라는 판단이 들었다. 즉시 군대에서 목표를 이룬 사례를 중심으로 출간제안서를 작성해 여러 출판사에 보냈다. 마침 한 출판사에서 그에게 사병 출신으로 성공한 유명한 인사를 인터뷰해 오면 기회를 주겠다고 제안했다.

현재 그의 멘토이자 정신적 지주가 된 당시 GE코리아 이채욱 사장과의 인연은 이때의 인터뷰로 인해 맺어졌다. 그는 《나는 세상의 모든 것을 군대에서 배웠다》를 펴내어 단숨에 베스트셀러 저자가 되고, 2010년 1월 인세로만 약 1억 원을 벌었다. 그중 절반으로 빚을 갚고, 5천만 원으로 지금의 '소셜네트워크'를 창업했다.

사업을 오픈 한 뒤 성공하기 위해 처절할 정도의 노력을 기울였다. 그가 할 수 있는 것은 오로지 피나는 노력뿐이었기 때문이다. 이런 피나는 노력 끝에 연 매출 30억 원 이상의 수준에 이른 청년 기업가가 되었다.

20대는 다양한 경험이 없다는 단점이 있지만 반면에 모든 것을 걸고 도전할 수 있는 완벽한 시기라고 박 대표는 말한다. 애플이나 HP, 다음, NHN CEO 모두 젊은 나이에 도전해 성공을 이루었다. 그는 한 인터뷰에서 젊은 친구들에게 이렇게 말했다.

"하루하루 성취감을 느끼는 것이 즐겁기 때문에 돈을 버는 것은 아직 중요하지 않다."

"머릿속으로 그렸던 생각을 행동으로 옮기는 것만으로도 가치 있고 소중한 일이다."

만약에 박수왕 대표가 여느 청춘들처럼 취업을 위해 스펙 쌓기에 매진했다고 가정해보자. 그랬다면 지금과 같은 멋진 인생을 창조할 수 있었을까? 이른 출근과 늦은 퇴근과 더불어 월요병에 시달리면서 고통스러운 나날을 보내고 있을지도 모른다. 그러나 지금의 그는 너무나 행복하다. 자신이 원하는 일을 하고 있기 때문이다.

인생은 그리 짧지 않다. 따라서 인생을 길게 보아야 한다. 당상의 밥벌이를 위해 직장과 직업을 선택해선 안 된다는 말이다. 자신의 분야에서 일가를 이룬 사람들은 모두가 스펙이 아니라 자신이 좋아하는 일을 택했다. 좋아하는 일을 하는 만큼 열정도 남달랐다. 일이 힘들고 지루해도 열정으로 감내할 수 있었을 뿐 아니라 그 과정에서 한 단계 나아질 수 있었다. 그래서 성공자들은 한목소리로 "진짜 원하는 일을 하라."라고 충고한다. 가슴이 시키는 일을 하지 않고선 절대 성공할 수도, 행복한 인생을 살 수도 없기 때문이다.

극작가 조지 버나드 쇼의 묘비에는 '우물쭈물하다가 내 이럴 줄 알았지'라는 문장이 쓰여 있다. 청춘은 짧고 인생은 길다. 지금 원하지 않는 기업에 입사하기 위한 스펙 쌓기로 청춘을 낭비해선 안 된다.

자신의 강점과 관심 분야를 깊이 있게 생각해보라. 그리고 자신의 가슴이 시키는 일을 하라.

시작하는 청춘은 늘 아프고 불안하다

　　처음 일을 시작하면 누구나 불안하고 두렵기 마련이다. 남들보다 잘하지 못하면 어쩌나, 실패하면 어떡하지, 하는 부정적인 생각이 들기 때문이다. 그래서 충분히 할 수 있는 일인데도 도전 앞에서 몸을 사리게 된다.

　　모든 시작하는 청춘은 늘 아프고 불안하다. 그런데 흥미로운 사실은 아프고 불안함의 크기가 클수록 나중에 돌려받는 성과가 크다는 것이다. 다양한 분야의 성공자들이 걸어온 발자취만 보아도 시련과 역경의 자갈밭이었다는 것을 알 수 있다. 그럼에도 그들은 절대 머뭇거리거나 포기하지 않았다. 깨지면 깨지는 대로 넘어지면 넘어지는 대로 다시 일어나 시작했다. 그리고 결국 원하는 것을 실현했다.

　　홈쇼핑에서 물건을 파는 쇼핑호스트라는 직업이 있다. 나는 이 직업에 대해 제대로 알기 전까지 쇼핑호스트가 만만한 직업이라고 여겼다. 그런데 쇼핑호스트들이 함께 쓴 《올 어바웃 쇼핑호스트》를 읽고 나서 이런 나의 생각이 잘못된 것임을 깨달았다.

이 책에 보면 유은정 씨의 이야기가 나온다. 대학에서 경영학을 전공한 그녀는 방송 무경력으로 최연소로 입사해 관련 업계에서 화제가 된 바 있다. 그녀는 우여곡절 끝에 국내 업계 1위인 LG홈쇼핑의 쇼핑호스트가 되었지만 첫 출발은 시련 그 자체였다.

스물네 살에 불과했던 그녀가 30대에서 50대까지 다양한 연령의 선배들과 어울려 함께 방송하는 것은 시댁에 들어가 사는 며느리와 같은 상황이었다. 여기에다 남의 눈치를 보지 않는 성격 탓에 선배들에게 하고 싶은 말을 참지 않고 했던 것이 선배들에게 당돌하게 비쳐졌는가 하면 본의 아니게 오해를 사기도 했다.

당시를 그녀는 저서에서 이렇게 고백하고 있다.

"서러운 마음에 눈물부터 나곤 했다. 쇼핑호스트 사무실이 3층이라 3층 화장실에서는 마음 놓고 울 수도 없어서 지하 2층 주차장 옆 화장실을 내 전용 공간으로 삼아 이틀에 한 번은 울었던 것 같다. 하도 울어서 눈의 부기가 가라앉는 날이 없을 정도였다. 벌겋게 된 눈과 화장이 번진 얼룩덜룩한 얼굴로 사무실로 돌아가면 선배들은 '얼굴이 그게 뭐야? 방송하는 놈이. 얼른 가서 화장 다시 고치고 와!' 라며 짐짓 모르는 척 핀잔을 줘서 울컥, 또 눈물이 쏟아질 때도 있었다."

그녀는 당시를 떠올리며 24년 동안 살아오면서 먹었던 욕을 합친 것보다 더 많은 욕을 쇼핑호스트 신입 시절에 먹었다고 말한다. 그러나 무참히 넘어지고 깨지고 하는 과정에서 자신은 더 이상 대학생이 아니라는 사실과 자신의 행동에 책임지고 조직생활에도 적응해야 한다는 것을 깨달을 수 있었다. 진정한 쇼핑호스트로서 거듭난 것이다.

나는 지금 다시 20대 시절로 되돌아갈 수 있다고 해도 다시 돌아가고 싶지 않다. 왜냐하면 나의 20대 시절은 너무나 힘들고 고달팠기 때문이다. 돈 없이 영어를 배우기 위해 타지에서 생활할 때는 처절하게 외로워 며칠 동안 운 적도 있고, 그로 인한 두려움이 더욱더 커져 보름 가까이 외부로 나가지 못했던 적도 있었다. 그때와 지금을 비교하면 지금이 너무나 행복하다. 내가 좋아하는 일을 하며 밥을 먹고 문화생활을 누릴 수 있는 지금과 비록 젊지만 고달팠던 20대와 맞바꾸고 싶은 생각은 없다.

시련으로 점철되어 있던 그 시절, 나는 꿈을 향한 확신으로 버텨낼 수 있었다. 당시 나를 버티게 해준 노래가 있다.

힘이 들 땐 하늘을 봐. 나는 항상 혼자가 아니야
비가 와도 모진 바람 불어도 다시 햇살은 비추니까

눈물 나게 아픈 날엔 크게 한 번만 소리를 질러봐

내게 오려던 연약한 슬픔이 또 달아날 수 있게

가끔 어제가 후회되어도 나 지금 사는 오늘이

내일 보면 어제가 되는 하루일 테니

－서영은, 〈혼자가 아닌 나〉

노래 가사에서도 나타나듯이 나는 힘들수록 긍정적으로 꿈을 믿었다. 비록 현실은 고달프지만 꿈을 실현하면 모든 것은 아름다운 추억이 된다고 여겼다. 그렇게 나는 아파하고 불안해하면서도 꿈에 대한 확신으로 치열한 삶을 살 수 있었다.

세상에 절대 공짜는 없다. 확고한 꿈이 있는 사람은 절대 이 진리를 잊어선 안 된다. 세상에 공짜는 없기에 남들보다 더 뜨겁게 살아야 한다는 말이다.

최근 이나모리 가즈오의 저서 《좌절하지 않는 한 꿈은 이루어진다》를 감명 깊게 읽었다. 그는 책에서 과거 고달팠던 자신의 청춘시절을 이렇게 말하고 있다.

"환경을 탓하는 것은 아니지만 나는 중학교 입학시험에 떨어졌고, 다음 해 다시 도전했지만 또 실패했다. 학제 개혁 덕분에 고등학교는 시험을 치르지 않고 진학할 수 있었지만, 대학입시 때는 지망했던 학교에서 떨어졌다. 취업의 문턱도 너무 높아 매번 취직 시험에서 낙방했다. 게다가 천신만고 끝에 담당 교수의 소개로 들어간 회사는 도산 직전의 상태였으니 당시의 내 심정은 그야말로 참담하기 짝이 없었다."

그가 청춘시절 겪었던 고생담은 보통 사람은 상상도 못할 것들이었다. 그 가운데 한 가지 예를 든다면 대학 졸업 후 처음으로 입사한 회사에서의 일이다. 그가 입사한 회사는 교토의 절연체 제조회사 쇼후 공업이었다. 1906년에 세워진 이 회사는 일본 최초로 고압 절연체를 제조해 한때 관련 업계에서 위세를 떨쳤던 회사지만 그가 입사하던 당시에는 도산하기 직전이었다.

제조부 연구과에 배치된 그는 고주파 절연성이 높은 약전용자기 개발을 맡게 되었다. 1953년 TV 방송을 보곤 가전제품용 절연 자기가 비전이 있는 분야라고 생각했다. 그러나 이런 장밋빛 환상은 퇴근 후 기숙사를 보고 나서 산산조각 났다. 기숙사는 폐가와 같은 낡은 집이었다.

시간이 갈수록 회사의 경영 상황이 악화되어갔고, 직원들 사이에는 불안감이 조성되고 있었다. 급기야 주문량이 줄어들고 월급이 제때 지급되지 않는 경우도 빈번했다. 함께 입사했던 동기들은 하나 둘 회사를 떠났고 그해 말 가을 무렵에는 그를 포함한 2명만이 남아 있었다.

그는 쇼후 공업에서는 도저히 장래성이 보이지 않는다고 판단했다. 그래서 간부후보생 학교에 입학하기로 결심했다. 그러기 위해선 호적등본이 필요해 가고시마 본가에 편지를 보내 부탁했다. 그러나 서류 제출 기한이 넘도록 호적등본은 도착하지 않았고 결국 그는 입학할 수 없게 되었다. 가족들이 고생을 감수하고 대학을 허락했는데, 취직한 지 얼마 지나지 않아 그만두겠다는 그의 말에 형이 읽은 자리에서 편지를 찢어버렸기 때문이다.

동기들을 모두 떠나보낸 그는 쇼후 공업에서 다시 시작하기로 마음먹었다. 그는 연구에만 몰입하기 위해 냄비와 풍로, 이불을 싸 들고 연구실로 들어갔다. 연구실을 거처로 삼은 것이다. 그는 하루하루 치열하게 연구에 매달렸다. 하루는 마쓰시타전자공업으로부터 TV 브라운관의 전자총에 사용되는 절연용 세라믹 부품인 U자 게르시마의 주문이 들어왔다. 마쓰시타전자공업은 TV 수요가 급증하면서 외국 회사로부터 수입해 사용하던 것을 국산화하고 싶었던 것이다. 그는 포스터라이트 자기를 응용해서 만들 수 있다고 확신했다. 그리고 1년여 동안의 연구 끝에 일본에서 최초로 U자 게르시마의 원료인 포스터라이트를 합성하는 데 성공했다. 그러나 문제는 원료인 광물이 미세한 분말 상태여서 성형이 어렵다는 것이었다. 그는 매일 이 문제로 고민을 거듭했다.

하루는 이 문제에 대한 해결책을 찾기 위해 고심하면서 실험실 앞을 지나가고 있었다. 그 순간 발끝에 무언가가 걸려 넘어질 뻔했다. 갈색의 송진 같은 것이 신발에 달라붙어 있었는데, 파라핀 왁스였다. 그는 순간 파라핀 왁스에서 그동안 고민하던 해결책을 찾을 수 있었다. 분말 상태의 원료에 찰기를 주기 위해 왁스를 혼합하면 성형에 성공할 수 있을 것이라는 생각이 들었고, 실험 결과 성공이었다.

이나모리 가즈오는 동기들이 모두 떠난 암울한 상황에서 꾸준히 노력한 끝에 마침내 TV 브라운관 부품인 U자 게르시마의 원료로 사용되는 포스터라이트를 사업화하는 데 성공할 수 있었다. 이때의 경험이 그가 훗날 일본 교세라 그룹의 회장으로 성공하는 데 씨앗이 되어주었다.

그는 모든 것은 마음먹기에 달렸다고 말한다. 어렵고 힘들다고 희망을 잃어서는 안 된다는 것이다. 그는 온갖 어려움 속에서도 도전과 꾸준한 노력, 인내로 자신의 뜻하는 바를 모두 실현했다. 그리고 마침내 일본에서 가장 존경받는 기업인이 되었다.

시작하는 청춘은 늘 아프고 불안하다. 그럼에도 꿈을 향해 도전하고 꾸준한 노력을 기울여야 한다. 이런 과정 없이는 창대한 미래는 결코 완성되지 못한다. 지금 당신이 부러워하는 성공자 역시 이런 눈물 나는 과정 속에서 만들어졌다는 것을 기억하라.

언젠가 일본 소프트뱅크 손정의 회장은 꿈에 대해 강조하면서 이렇게 말했다.

"눈앞을 보기 때문에 멀미를 느끼는 것이다. 몇 백 킬로미터 앞을 보라. 그곳은 잔잔한 물결처럼 평온하다. 나는 그런 장소에 서서 오늘을 지켜보고 사업을 하고 있기 때문에 전혀 걱정하지 않는다."

지금 현실이 아프고 불안하다면 현실보다 고개를 들어 눈부신 미래를 보라. 아프고 불안한 현실을 그 미래를 창조하기 위해 거치는 시련쯤으로 여겨라.

스무 살,
내가 돈을 택한 이유

많은 사람들은 내가 어린 시절부터 긍정적이고 밝은 에너지를 가졌던, 꿈이 많았던 아이라고 생각한다. 지금까지도 확고한 꿈과 지칠 줄 모르는 열정으로 목표를 향해 나아가고 있기 때문이다. 그러나 나는 그렇지 않았다. 나는 고등학교를 졸업할 때까지 책을 즐겨 보지도 않았고, 오직 가난에서 벗어나 자유를 찾기 위해 돈을 벌고 싶다는 생각뿐이었다.

고등학교 3학년 때 이런 일이 있었다. 당시 공부도 잘하고 그림도 잘 그리는 단짝 친구가 있었다. 그 친구는 반에서 1, 2등을 놓치지 않을 정도로 남들이 부러워하는 우등생이었다. 대학과 취업의 갈림길에서 진학 상담을 하던 때다. 그녀는 대학교에 진학해도 장학금을 받을 수 있을 만큼 성적이 우수했다. 하지만 선생님의 만류에도 학비 면

제보다는 취업이라는 돈을 선택했다. 예쁘장한 외모에 항상 밝은 얼굴의 그녀는 쉬는 시간이면 귀에 이어폰을 꽂고 늘 공책에 연필로 그림을 그리곤 했다. 3년 동안 그림을 그린 노트만 해도 10권이 넘는다. 그녀의 꿈은 화가가 되는 것이었다. 하지만 그것은 그냥 취미로 남겨두었다.

부모님이 사고로 돌아가시고 할머니와 사는 그녀는 가장이자 두 동생의 언니였다. 공부는 장학금을 받기 위해 열심히 했던 것이고, 지금은 가장으로서 자신의 꿈보다는 돈이 절실하게 필요했다. 나도 그녀처럼 가난에서 벗어나기 위해 상업고등학교에 진학했고, 돈에서 자유로워지는 것만이 유일한 나의 목표였다.

하지만 그녀는 꿈이 있었고, 나는 꿈이 없다는 것이 우리를 다른 사람으로 구별 지었다. 하루는 그녀가 마지막 인사라며 나에게 편지를 주었다. 나를 닮은 캐릭터가 수십 개나 그려진 편지였다. 그날따라 그녀의 편지가 나를 가슴 아프게 했다. 읽으면 읽을수록 눈물이 났고 어린 나이의 어쩔 수 없는 선택이라고 투덜거리며, 어떤 미래도 꿈꾸지 않고 현재에 안주하고 있던 나를 반성하게 했다. 그때 그 친구가 써주었던 말들이 아직도 생생하게 기억이 난다.

'동희야, 나는 지금 서 있는 이 자리에 감사하고 싶어. 다른 사람들은 취업, 대학 등 선택의 갈림길에 서서 최선의 선택을 하기 위해 머리 아픈 고민들을 하지. 하지만 나는 그런 고민들을 하지 않아도 되잖아. 지금 난 돈이 필요할 뿐이니까 고민 없이 정해진 길을 가는 것도 참 행복한 일인 것 같아. 그리고 나중엔 반드시 공부도 하고, 그림을 그리는 화가가 될 거야. 지금은 그 꿈이 나한테 얼마나 간절한지 알려주는 시기인 것 같아. 지금 할 수 없어서 포기하는 것이 아니라, 오히려 나중에라도 그 꿈을 꼭 이루고 싶다는 열망이 생겼어. 난 반드시 이룰 거야. 우리 취업해서 성공해서 만나자.'

나보다 더 힘든 상황임에도 그녀는 꿈이 있었기에 현재의 상황에 미래를 묶어두지 않고 미래를 위해 현재를 이용했다. 어린 나이임에도 그녀에게는 확고한 꿈과 목표가 있었다. 그녀의 소식은 어렴풋이 다른 친구들을 통해 들었다. 그녀는 미술학원을 차려 원하는 그림도 그리고 학원을 운영하며 가정도 꾸려 행복한 생활을 하고 있다.

그 후 나도 나의 인생을 현재에 묶어두지 않고, 미래를 위해 취업을 하기로 결정했다. 꿈이 있는 취업은 나를 행복하게 했다. 누구나 처음 시작은 미미하다. 나는 무작정 나에게 맞는 옷을 찾기 시작했다. 쉽게 딱 맞는 옷을 찾기는 힘들었다. 그렇게 5년이 흘러 직장을 그만두고 외국에 가기로 결심하고 난 뒤부터는 달랐다. 나에게 맞는 옷을 찾은 듯, 미미하고 희미했던 꿈이 창대하고 선명하게 그려졌다. 그때부터 내 심장은 강하게 요동치기 시작했다.

나는 스물여섯 살이 되던 해에 남들보다 뒤늦게 확고한 꿈을 설정했다. 그때 가졌던 꿈은 꿈과 희망을 나누어주는 오프라 윈프리 같은 '동기부여가'가 되는 것이었다. 나도 했다면 당신들도 할 수 있다는 믿음을 토대로 다양한 경험을 하고, 롤모델이 되어 지식을 다양한 방법으로 나누어주고 싶었다. 꼬박 5년 동안 동기부여가가 되기 위해 성공자의 책을 읽고, 카페도 운영하며 다양한 모임도 주최했다. 많은 사람들을 한곳에 모아 서로 동기부여를 해주고, 재능을 아낌없이 나누었다.

그 모임을 토대로 〈드림자기계발연구소〉를 설립했다. 그리고 나 자신, 권동희를 알리기 위해 《당신은 드림워커입니까》를 집필했다. 그 책을 토대로 지금 나는 바라 왔던 대로 꿈꾸는 사람들을 돕는 동기부여가가 되었다. 현재 강연과 멘토링, 코칭을 통해 직장인과 학생들을 드림워커처럼 살도록 적극 지원한다. '꿈'과 '비전'을 주제로 서울지방경찰청, 대기업, 관공서, 대학, 한국HRD교육센터 등에서 동기부여 전문강사로 활동하고 있다.

인생에서 가장 중요한 '꿈꾸기'를 어려워하는 사람들에게 잠재력을 발휘하고 목표를 성취할 수 있도록, 스스로 행동주의자가 되도록 자기계발의 실천적인 방법들을 제시한다. 현재는 사업가이자 작가, 청춘 멘토, 강연가, 커리어 코칭 전문가 등 다인의 역할을 하며 바쁜 일정을 소화하고 있다.

어느 분야건 어느 정도 위치에 오른 사람들에게는 저마다 피눈물 나는 시절이 있게 마련이다. 세상에 공짜는 없기 때문이다. 그러나 대중들은 그것을 잘 알지 못하기 때문에 그 사람들이 쉽게 꿈을 이루었다고 생각한다.

며칠 전 한 대학에서 《당신은 드림워커입니까》 저자 강연을 마친 뒤 가진 질의응답 시간에 한 청중으로부터 "어떻게 작가가 되셨나요?"라는 질문을 받았다. 그때 나는 이렇게 답했다.

"우연히 서점에서 김태광 회장의 《10년 차 직장인, 사표 대신 책을 써라》를 보게 되었습니다. 일반인도 코칭을 받으면 내 이름으로 된 책을 쓸 수 있구나, 라는 것을 알았습니다. 그리고 김태광 회장은 '성공해서 책을 쓰는 게 아니라, 책을 써야 성공한다'라고 말합니다. 맞습니다. 저는 남들이 말하는 스펙도 없고 노래, 그림도 잘 못 그립니다. 하지만 제가 가장 좋아하는 것이 있는데, 바로 '스토리텔링'입니다. 저서를 통해서는 스토리텔러, 강연가가 될 수도 있고, 많은 사람들에게 동기부여를 직접 해줄 수도 있습니다. 책을 쓰면 모든 꿈이 한 번에 이루어집니다. 그래서 책을 써서 작가가 된 것입니다. 저서는 동기부여가가 되기 위한 굉장한 방법 중의 하나였습니다. 지금은 주변에서 저의 가치를 인정하고, 어머니도 너무 좋아하십니다. 책 쓰기만큼 나를 브랜딩 하는 데 있어 좋은 방법은 없다는 확신이 듭니다. 물론 그 과정에서 많은 시련과 역경이 있었습니다. 하지만 동기부여가라는 꿈의 힘으로 이겨낼 수 있었고 결국 제 이름으로 된 책을 통해 지금에 이르렀습니다."

그 당시 동기부여가라는 꿈을 가졌던 것이 천만다행이라는 생각이 든다. 사실 나는 '스토리텔링' 외에는 잘할 수 있는 일이 거의 없었기 때문이다. 이런 내가 다른 분야에서 활동했다고 가정해보면 무서울 만큼 고통스러운 모습이 상상된다. 지금 내가 책을 쓰고 강연을 다니고, 문화생활까지 누리며 생활할 수 있게 하는 힘은 다름 아닌 꿈의 힘이다. 동기부여가라는 꿈을 가지지 않았다면 분명 나는 지금쯤 고통스러운 인생을 살고 있을 테니까.

《해리포터》시리즈로 천문학적인 부와 명예를 쌓은 조앤 롤링. 그녀는 한때 실업자에다 셋방에서 정부 보조금을 받으며 아이를 키우던 가난한 이혼녀였다. 그럼에도 그녀는 자신이 가장 좋아하는 책 쓰기에 전부를 걸었고 지금과 같은 성공을 이룰 수 있었다.

그녀는 이렇게 말한다.

"실업자에 이혼녀였지만 신세를 비관하지는 않았다. 이야기를 쓰고 있노라면 마음이 저절로 명랑해져서 무일푼인 것도, 남편과 헤어진 것도 상관없었기 때문이다. 그렇다고 내가 겪은 시련이 동화 줄거리에 영향을 미치지도 않았다. 해리 이야기는 단지 나의 어린 시절 상상의 세계에 깊

숙이 뿌리내리고 있었기 때문이다.

책이 지금과 같이 유명하게 되었으면 좋겠다고 막연하게 기대했다. 하지만 가장 감격스러웠던 순간은 마침내 책이 출간되리라는 사실을 알게 되었을 때였다. 내가 쓴 책이 서점에 진열되는 걸 보는 것이 꿈이었으니까. 그 이후에 일어난 모든 일이 엄청나고 놀랍긴 했지만, 내가 책을 출간한 작가라고 말할 수 있다는 사실만으로도 어린 시절부터 품어 왔던 꿈은 이루어진 것이나 다름없었다."

조앤 롤링의 인생을 들여다보면 꿈이 그녀를 성공으로 이끌었다는 것을 알 수 있다. 이처럼 꿈은 강력한 힘을 지니고 있다. 성공한 사람치고 꿈이 없었던 사람은 단 한 사람도 없다. 그들 모두 크고 작은 확고한 꿈을 가지고 있었던 것이다.

간절하고 확고한 꿈을 가져라. 생각만 해도 가슴이 두근거리는 꿈을 가져라. 모든 성공은 꿈을 가지는 데서부터 시작된다. '당신의 인생은 당신이 하루 종일 무슨 생각을 하는지에 달려 있다'라는 말이 있다. 매일 그 꿈을 생각하고 그 꿈을 실현하기 위해 꾸준한 노력을 기울여라.

물론 그 과정에서 거듭 실패를 맛보게 마련이다. 실패를 받아들일 수 없다면 그 어떤 성공도 이룰 수 없다는 것을 명심해야 한다. 실패란 없다. 피드백만 있을 뿐이다. 그만두고 싶은 순간에조차 다시 일어서서 꿋꿋하게 나아가라. 포기하지 않고 계속 나아간다면 꿈은 반드시 이루어진다.

마지막으로 독자 중에 나처럼 본인의 이름 석 자가 들어간 책을 쓰고 싶다면 김태광 회장의 《10년 차 직장인, 사표 대신 책을 써라》를 일독하라. 그리고 네이버 카페 〈한국책쓰기·성공학코칭협회〉에 가입하면 책 쓰기에 대한 자세한 정보를 얻을 수 있다.

꿈은 절대 배신하지 않는다

2010년 10월 18일자 경향신문에 정유진, 조미덥 기자의 "'내 꿈요? 글쎄요.' 부모가 가난할수록 자녀들의 꿈도 가난'이라는 제목의 기사가 실렸다. 시사하는 바가 많아 지면에 소개하고자 한다.

"꿈요? 글쎄요. 딱히 되고 싶은 게 없는데요. 초등학교 땐 의사가 되고 싶었는데 될 수 있을 것 같지 않아 포기했어요. 지금은 그냥 컴퓨터 게임을 하는 게 좋아요. 동네 PC방 사장 형이 제일 부러워요." (서울 난곡동 소재 중학교 3학년 김 모 군)

"어릴 땐 피아니스트부터 작가, 기자까지 다 되고 싶었어요. 지금은 대통령이 되는 게 꿈입니다. 집안에 국회의원도 계시고, 얼마 전 어머니를 통해서 중진 여성 의원도 만났는데 역할모델로 삼고 싶은 분이에요." (서울 모 외국어고 2학년 정 모 양)

'가난하다고 꿈조차 가난할 수는 없다'는 말은 우리 사회에서 유효할까. 17일 민주노동당 권영길 의원이 전국 56개 초·중·고교 3만 7,258명의 장래 희망을 조사해 분석한 〈소득별, 학교별 학생 장래 희망 조사 보고서〉에 따르면 대답은 '아니요'다.

외고 학생들은 75.6%가 고소득 전문직을 꿈꾼 반면, 일반고 학생들은 그 절반가량인 38.2%만 이런 직업을 기대하는 것으로 나타났다. 특히 특성화고(전문계고·옛 실업계고) 학생들은 고소득 전문직을 꿈꾸는 비율이 3.4%에 불과한 데 비해, 중위직 이하 직업을 희망하는 학생은 78.7%나 되었다. (……)

저소득층의 청소년일수록 작은 꿈을 가지는 이유에 대해 권영길 의원은 이렇게 분석했다.

"청소년기에는 역할모델이 되어줄 가까운 지인과 문화적 경험 등에 따라 진로가 결정된다. 부모의 학력이 높고 소득이 많은 외고 학생과 저소득층이 많이 다니는 특성화고 학생의 장래 희망이 큰 격차를 보이는 것은 결국 이 때문이다."

　지금은 기업과 관공서, 대학교 등에서 꿈과 비전에 관한 강연과 〈드림자기계발연구소〉에서 드림워커를 위한 개인 및 단체 코칭을 하며 바쁘게 지내고 있지만 과거의 나는 불행으로 점철되어 있었다. 남들처럼 집이 부유해서 내가 하려는 일을 적극적으로 밀어줄 수 있는 상황도 아니었다. 오히려 그 반대였다. 빚에다 아버지마저 일찍 돌아가셔서 장녀인 내가 용돈과 생활비를 책임져야 했다. 당시 세상과 맞붙어 싸울 준비가 전혀 되어 있지 않은 나에게는 모든 것이 좌절과 절망으로 다가왔다.

　그럼에도 다행인 것은 나에게는 이렇게는 살고 싶지 않다는 꿈이 있었다. 그렇게 해서 생겨난 꿈이 '베스트셀러 작가', '동기부여가'였다. 나는 내 꿈을 실현하기 위해 퇴근 전과 퇴근 후 매일같이 책을 읽고 쓰고, 자투리 시간에는 강연을 위한 준비를 했다. 특히 성공자들의 성공 스토리가 담겨 있는 책들을 위주로 읽고, 내 꿈인 것처럼 상상하고 이룬 것처럼 행동했다.

　내가 힘든 가운데에서도 꿈을 향해 매진할 수 있었던 것은 내 꿈은 반드시 실현된다는 확신이 있었기 때문이다. 시련과 좌절의 조건을 두루 갖추고 있는 나에게도 분명 남들보다 잘하는 한 가지는 있을 거라고 믿었다. 그것이 바로 동기부여 능력이라고 생각했다. 남들은 나를 보며 별거 아니라며 비아냥거렸지만 결코 나는 내 꿈을 가볍게 여기지 않았다. 가장 힘들었던 그 시절 그 꿈마저 없었다면 나는 그대로 무너져 내렸을 테니까.

나는 가난과 시련은 성공으로 가는 통과의례라고 생각한다. 그동안 내가 만났던 성공자들은 가난하고 힘들었기 때문에 그 현실에서 벗어나기 위해 큰 꿈과 함께 성공에 대한 신념을 가졌다고 말했다. 따라서 힘들고 가난하다는 것은 스스로 인생을 개척해야 한다는 뜻과 같다. 힘든 현실보다 더 큰 꿈을 가지면 어떤 어려움도 능히 극복할 수 있다. 현실이라는 장애물보다 꿈의 힘이 더 크기 때문이다.

미국의 '판매왕' 빌 포터가 있다. 1932년 9월 미국 샌프란시스코에서 태어난 빌 포터는 태어날 때 뇌 손상을 입어 뇌성마비 장애인이 되었다. 난산으로 인해 의사들이 겸자를 써서 빌을 꺼내다가 실수로 그만 빌의 뇌를 손상시켰던 것이다. 그 결과 빌은 오른손을 못 쓰고, 등과 어깨가 굽었으며, 걷는 것도 불편했다.

그는 말하고 걷는 것이 정상인과 달랐다. 그러나 그의 어머니는 입버릇처럼 말했다.

"넌 할 수 있어, 얼마든지 자립할 수 있어."

그는 어머니의 도움과 격려에 힘입어 세일즈 활동에 관심을 쏟았다. 한때 스스로를 잉여인간으로 여겼던 적도 있었지만 더 이상 자신을 무능력자로 생각하지 않았다. 고등학교를 졸업한 그는 다섯 달간 구직센터 앞에서 긴 줄을 선 끝에 네 곳에 취직이 되었다. 그러나 모두 1~2일을 못 버티고 그만두고 말았다. 병원에선 약병을 깨뜨리는 실수를 연발했고, 대형마트에선 계산기 숫자를 잘못 눌러 손해를 끼쳤다. 그럼에도 그는 최고의 세일즈맨이 될 수 있다고 믿었다. 취업을 하기 위해 끊임없이 도전했고, 마침내 기본급 없이 판매수당만 받는 외판원으로 취직하는 데 성공했다.

마지못해 그를 채용한 생활용품 판매기업 왓킨스 사는 다른 세일즈맨들이 모두 회피하는 지역을 그에게 할당했다. 이렇게 해서 빌은 1959년에 방문판매를 시작했다. 새벽 4시 45분이면 일어나 스스로 옷을 갖추어 입고 집 안을 정리한 뒤 7시 20분 포틀랜드 시내로 가는 버스에 몸을 실었다. 몸이 불편해서 담당 구역까지 가는 데만 세 시간이 걸렸다. 아침마다 그는 담당 구역으로 가는 길에 구두닦이한테 들러서 구두끈을 매달라고 부탁했다. 그는 손이 너무 뒤틀려 있어서 구두끈을 맬 수 없었기 때문이다. 그다음 호텔에 들러 도어맨의 도움으로 와이셔츠 단추를 채우고 넥타이를 매만져 최대한 단정해 보이도록 매무새를 가다듬었다. 날씨가 좋든 나쁘든 간에 빌은 날마다 15킬로미터를 돌아다녔다.

그 후 24년간 포터는 매일 하루 여덟 시간 이상 미국 서북부 포틀랜드의 주택가를 돌며 물건을 팔았다. 쓸 수 없는 오른팔을 뒤로 감춘 채 무거운 샘플 가방을 들고 언덕을 오르내렸다. 담당 구역에 있는 집들을 모두 돌아다니려면 석 달이 걸리지만 그는 한 집도 빠짐없이 문을 두드렸다. 거래가 성립되면 빌은 펜을 쥐기가 어렵기 때문에 고객들이 주문서를 직접 작성했다. 날이 가고 해가 갈수록 빌을 반갑게 맞아들이는 집이 많아졌고 그의 판매 실적도 꾸준히 올라갔다.

24년 동안 한결같이 수백만 가구의 문을 두드린 뒤 빌 포터는 마침내 목표를 이루었다. 왓킨스 사의 서부지역 판매왕으로 선정된 것이다. 그때부터 그는 한 번도 판매왕 자리를 놓치지 않았다.

현재 그는 왓킨스 사의 최고 판매왕, 미 전역에서 강연 요청이 쇄도하는 유명 강사로 활동하고 있다. 신문과 방송, 영화와 강연을 통해 2,000만 명 이상이 그의 이야기에 귀를 기울인다.

나는 그동안 성공한 사람들의 성공 비결을 분석해 왔다. 그들에게서 한 가지 공통점을 찾을 수 있었는데, 바로 그들 역시 과거에 누구보다 힘들었고, 좌절했으며 절망했다는 것이다. 스무 살 시절의 내가 겪었던 것을 대부분의 성공자들이 겪었던 것이다.

그래서 미국의 영화배우 미키 루니는 "성공하기까지는 항상 실패를 거친다."라고 충고했는가 하면, 메리케이 사의 창업자 메리 케이 애시는 "실패하는 것은 곧 성공으로 한 발짝 더 나아가는 것"이라는 말을 남겼다. 그렇다. 성공이란 열정을 잃지 않고 실패를 거듭할 수 있는 능력이다.

사람은 누구나 자신의 분야에서 성공하기 전까지는 때로 자신이 잉여인간으로 여겨지기도 한다. 그만큼 현실이 고통스럽고 고달프기 때문이다. 그럼에도 자신의 꿈을 실현하기 위해 화력을 집중해야 한다. 해 뜨기 직전이 가장 어두운 것처럼 지금 가장 힘든 것은 정상을 목전에 두고 있기 때문이다. 자신의 꿈을 확신하며 고군분투해보자. 꿈은 절대 배신하는 법이 없다.

평범했지만 지독한 노력과 끈기로 위대한 성공을 이룩한 마하트마 간디의 말을 기억해보라.

"나는 평균 이하의 능력을 갖고 있는 지극히 평범한 사람일 뿐이다. 만약 누구든지 나만큼 노력하고 기대와 믿음을 기른다면, 내가 이룬 모든 것 또한 틀림없이 이루어낼 것이다."

힘들 때 나를 지켜주는 건 결국 꿈이다

누구나 자신이 되고 싶어 하거나 가지고 싶은 것이 있다. 우리는 그것을 꿈이라고 부른다. 이런 꿈을 향한 강한 열망을 가진 사람은 하루에도 몇 번씩 꿈을 이룬 자신의 모습을 시각화한다. 그런데 흥미로운 사실은 이런 시각화가 습관화될수록 자신도 모르는 사이에 꿈이 실현되어 있다는 것이다.

'석유왕' 흐라글러는 "성공의 비결은 자신의 계획이 완성된 모습을 얼마나 볼 수 있느냐에 달려 있다."라고 말했다. 꼭 이루고 싶고 되고 싶은 것이 있다면 이미 이룬 모습을 상상할 수 있어야 한다. 즉 자기암시를 해야 한다는 말이다. 흐라글러 역시 많은 시련과 역경이 있었지만 꿈의 힘으로 성공한 사람이다. 그는 석유 사업으로 성공하기 전 많은 악재에 시달렸다. 현실이 힘겨울수록 그는 꿈에 의지했고 생생하게 상상하면 꿈을 이룰 수 있다는 생각으로 상상을 습관화했다. 상상 속에서 그는 억만장자처럼 말하고 행동했다. 그러자 꿈의 힘은 그의 꿈을 돕기 시작했고 마침내 그를 석유왕으로 변화시켰다.

생생하게 꿈꾸면 반드시 실현된다. 생생하게 꿈꾼다는 것은 자신이 무엇을 원하는지 확실히 알고 있다는 뜻이다. 뿐만 아니라 '어떻게 하면 그것을 보다 빨리 성취할 수 있을까?'라는 끊임없는 질문을 통해 답을 찾는다. 이때 잠재의식은 우리가 상상하지 못하는 놀라운 힘을 발휘한다. 꿈과 관련된 정보를 끌어당겨 꿈을 실현하기 위한 도구로 삼는다. 따라서 자나 깨나 꿈을 갈망하는 사람은 그렇지 않은 사람에 비해 훨씬 빨리 성공하게 되는 것이다.

'생생하게 꿈꾸고 간절히 바라면 이루어진다.' 나는 5년 전부터 이 성공 진리를 철칙같이 믿어 왔다. 꿈을 믿고 그 꿈이 반드시 실현된다는 확고한 생각으로 동기부여가라는 한길만을 걸어왔다. 그러자 정말 위의 명언처럼 내가 열망했던 일들이 모두 이루어졌다. 작가가 되었는가 하면 독자로부터 무수한 편지를 받고, 관공서, 기업체와 대학의 강연 요청 및 개인 멘토링 그리고 최근 한국경제TV 프로그램 측으로부터 '멘토에게 듣는다'라는 코너의 생방송 출연을 해달라는 요청을 받았다. 그래서 나는 강연을 할 때면 사람들에게 자신의 꿈을 확고하게 믿고 최선을 다하라고 조언한다.

1940년 디즈니 만화영화 〈피노키오〉에 보면 귀뚜라미 지미니 크리켓이 창밖의 별을 보며 피노키오에게 '별에게 소원을 빌면' 이란 노래를 들려주는 대목이 나온다. 루이 암스트롱, 올리비아 뉴튼 존 등의 유명 가수들이 다시 불러 널리 알려진 곡이기도 하다.

When you wish upon a star(별에게 소원을 빌 때)

Makes no difference who you are(당신이 누구인지는 상관없어요)

Anything your heart desires will come to you

(바라는 건 무엇이든지 이루게 될 거예요)

If your heart is in a dream(소망이 이루어지길 꿈꾸고 있다면)

No request is too extreme(어떤 소원도 이룰 수 있어요)

When you wish upon a star as dreamers do

(꿈꾸는 사람들이 하는 것처럼 당신도 별에게 소원을 빌면)

Fate is kind(운명은 친절하게도)

She brings to those who love(사랑하는 사람들에게)

The sweet fulfillment of their secret longing

(은밀하게 갈망해 온 꿈을 실현시켜주죠)

그렇다. 자신의 소원, 즉 꿈을 가지고 있다면 운명은 그것을 실현시켜준다. 좀 더 세밀하게 말한다면 꿈을 이루기 위해 꾸준히 노력해야 한다. 이처럼 분투할 때 운명은 꿈을 향해 나아가는 사람을 돕기 시작하고 마침내 꿈은 현실이 된다.

김현근은 저서 《가난하다고 꿈조차 가난할 수 없다》에서 자신의 공부 비결을 소개하고 있다. 그는 학창시절 자신이 죽기 살기로 공부한 이유를 "꿈과 목표를 이루기 위해서"라고 고백했다. 그는 자주 미국 명문대학에 합격해 많은 후배들 앞에서 자신의 성공 스토리를 힘주어 말하는 자신을 상상하곤 했다. 그런 상상은 그에게 꿈을 향해 나아갈 수 있는 용기와 기회를 주었고, 마침내 그 꿈은 현실이 되었다.

집이 가난했던 그가 미국 유학의 꿈을 품게 된 데는 계기가 있다. 어느 날 그는 아버지의 책장에서 홍정욱의 《7막 7장》이라는 책을 발견하게 된다. 책 표지에서 '하버드 최우수 졸업'이라는 문구를 발견한 그는 왠지 모르게 전율을 느꼈다. 그는 그 책을 가만히 읽어 내려가면서 자신도 홍정욱처럼 할 수 있지 않을까, 하는 자신감과 함께 미국 유학이라는 목표가 생겨났다. 그는 홍정욱이 했던 것처럼 죽을힘을 다해 공부했고 마침내 자신의 꿈을 이루었다.

미스코리아 진 금나나 역시 공부를 하게 된 동기를 '꿈' 때문이라고 말한다. 그녀는 경북대학교 재학시절 미스코리아 대회에 나가 미스코리아 진에 당선되었다. 당시 그녀의 꿈은 외과의사였다. 그러나 미스유니버스 대회에 참가하면서 세계 최고의 외과의사를 꿈꾸게 된다. 하지만 다시 하버드대에 합격한 뒤에는 그녀는 '유니세프'와 같은 국제의료단체에서 의료봉사활동을 하고 싶다는 꿈을 가지게 되었다. 그리고 그녀의 꿈은 다시 훗날 세계보건기구(WHO)의 총수가 되어 전 인류가 질병 없이 건강하게 사는 세상을 만드는 데 헌신하고 싶다는 꿈으로 바뀌었다.

미국의 대표 동화작가이자 동화 같은 삶을 살다가 간 타샤 튜더의 말이다.

"나는 정원을 어떻게 가꿀지 확고한 계획을 가지고 있었다. 씨앗을 사러 가도 정원사의 말에는 귀를 기울이지 않았다. 내가 바라는 것이 무엇인지 가장 확실하게 알고 있는 사람은 바로 '나'이기 때문이다. 내가 바라지 않는 것을 확실하게 아는 사람 역시 바로 '나'다."

자신에 대해 가장 잘 아는 사람은 타샤 튜더의 말처럼 바로 '나' 자신이다. 내가 무엇을 간절히 원하는지, 어떤 일을 하고 싶어 하는지, 어떤 강점과 약점이 있는지 누구보다 나 자신이 잘 알고 있다. 따라서 꿈을 이루거나 성공하는 방법 역시 알고 있다. 다만 그것을 부정하고 더 쉽고 편한 방법을 따르려 하기 때문에 자신이 모른다고 착각하는 것이다. 자신의 분야에서 한 획을 그은 사람들은 가슴이 시키는 대로 행동한 사람들이라는 것을 기억해야 한다. 타인이 이끄는 대로 행동하는 사람의 배는 산으로 가지만 가슴이 시키는 대로 행동하는 사람의 배는 정상으로 향한다.

파울로 코엘료의 소설 《연금술사》에 보면 이런 말이 나온다. 불안해지거나 초조해질 때 떠올려보라.

"세상에는 위대한 진실이 하나 있지. 무언가를 마음을 다해 원하면 반드시 그렇게 된다는 것이야. 무언가를 바라는 마음은 곧 우주의 마음으로부터 비롯된 때문이지. 이것을 실현하는 것이 이 땅에서 우리가 맡은 임무야."

희망으로 실패의 강을 건너라

세상에는 잘되는 일보다 안 되는 일이 더 많다. 성공하는 일보다 실패하는 일이 더 많다. 그런데도 많은 사람들은 몇 번 해보고 안 되면 영원히 안 될 것이라는 착각에 빠져 포기해버린다. 나 역시도 인생에서 숱한 실패를 경험했다. 그때 나는 알았다. 포기하지 않고 꾸준히 노력하고 도전할 때 꿈은 반드시 실현된다는 것을.

대부분의 사람들이 자신의 꿈과 목표를 실현하지 못하는 것은 실패에만 초점을 맞추기 때문이다. 실패에 초점을 맞추다 보면 그 실패가 확대되어 보인다. 그래서 도저히 자신의 힘으로 해볼 수 없다는 판단에 이르게 된다. 그 결과 '내가 무슨!' 하고 포기하게 되는 것이다.

성공한 사람들은 꾸준한 노력과 포기할 줄 모르는 도전정신의 달인들이다. 그 가운데 25년 동안 무려 마흔여덟 번의 도전 끝에 변호사 시험에 합격한 맥시 필러를 꼽을 수 있다. 그가 수험료로 쓴 돈만 5만 달러에 달하며 헤아릴 수 없이 많은 강의를 수강했다. 그리고 144일이나 되는 시간을 시험장에서 보냈다. 그리고 그의 나이 예순한 살에 꿈에 그리던 변호사 시험에 합격했다.

1966년 맥시 필러는 서른여섯 살에 처음으로 캘리포니아 주에서 변호사 시험에 응시했다. 그는 그 시험에서 떨어졌고 그 후로 거듭 도전했다. 그럼에도 또 떨어지자 그는 로스앤젤레스·샌디에이고·리버사이드·샌프란시스코 등 캘리포니아 주에서 변호사 시험이 치러지는 곳이면 어디든 달려가 시험을 보았다. 그린데도 안타깝게 매번 시험에서 떨어지고 말았다.

그는 아이들이 초등학교에 다닐 때부터 시험에 응시하기 시작해서 두 아들이 법대를 졸업한 뒤에도 포기하지 않고 시험을 보았다. 그리고 자신보다 일찍 변호사 시험에 통과한 두 아들의 법률사무소에서 보조로 일하면서도 그는 계속 시험에 응시했다. 어느덧 그의 나이는 대부분의 사람들이 은퇴를 생각하기 시작하는 나이가 되었다.

그는 꾸준한 노력과 포기할 줄 모르는 도전 끝에 마침내 변호사 시험에 합격하는 쾌거를 이루었다. 첫 시험을 치른 지 25년이 지난 뒤였다. 그의 나이 예순한 살에 합격한 것이다.

그는 변호사 시험을 포기하지 않았던 이유를 이렇게 밝혔다.

"저에게 포기란 있을 수 없는 일입니다. 저는 변호사 시험에 반드시 합격할 것이라는 확신을 버리지 않았고 언젠가는 꼭 합격하리라 믿었습니다. 그래서 포기할 생각은 아예 하지 않았습니다."

그가 매번 변호사 시험에 떨어질 때마다 가족과 친구들의 변함없는 지지가 큰 힘이 되어주었다. 떨어질 때마다 아내는 다음번 지원서를 만들어 주며 이렇게 말했다.

"여보, 이번에는 정말 합격할 뻔했어요. 아쉽네요. 다시 도전해보세요. 다음번에는 반드시 합격할 테니까요."

맥시 필러는 아내의 말에 용기를 가질 수 있었고 다시 도전할 수 있었던 것이다. 현재 그는 캘리포니아 주 콤프턴 시에서 흑인 소송변호사로 왕성하게 활동하고 있다.

처음 나는 맥시 필러의 사례를 접하고 놀라움을 금치 못했다. 세상에 어떻게 그렇게 잡초처럼 끈질긴 사람이 있을까, 하는 생각이 들었기 때문이다. 그가 감내해야 했던 시련과 역경을 정리해보면 다음과 같다.

① 25년 동안 수험료로 쓴 5만 달러에다 수없이 많은 강의료

② 144일이나 되는 시간을 시험장에서 보냄.

③ 두 아들의 법률사무소에서 보조로 일하면서 계속 시험에 응시

④ 25년 동안 무려 마흔여덟 번이나 시험에 응시한 끝에 변호사 시험에 합격

보통사람 같았으면 중도에 포기했을 것이다. 계속 시험에 응시한다고 해도 꼭 합격하리라는 보장이 없기 때문이다. 그럼에도 맥시 필러는 계속 노력했고 도전했다. 그리고 자신의 바람대로 변호사 시험에 합격했다. 그가 합격할 수 있었던 것은 단 한 번도 희망을 버리지 않았기 때문이다. 그 희망이 마침내 그의 손을 들어준 것이다.

'광인', '천재', '춘천의 명물', '베스트셀러 작가' 이외수. 그는 누구보다 굴곡진 인생을 살았다. 그는 7년이나 다니던 춘천교육대학을 중퇴해야 했다. 술과 방황을 거듭하는 가운데 학비를 다 써버렸기 때문이다. 그 후로 가난과 배고픈 나날이 계속되었다.

사람들은 그런 이외수를 보며 이렇게 비난했다.

"제대로 학교를 다녔으면 벌써 선생님 소리를 듣고 있을 거야. 지금 이게 무슨 꼴이야. 정말 네가 인간이라면 시장판에서 꼴뚜기라도 팔아서 살길을 찾아야지. 제발 정신 좀 차려라."

그러나 이외수는 사람들의 비난에 아랑곳하지 않았다. 한때 화가 지망생이었던 그는 소설을 써보기로 마음먹었다. 그는 남들처럼 먹고사는 문제에 현실을 저당 잡히기 싫었다.

배고픔을 참아가며 쓴 소설 《견습 어린이들》이 1972년, 〈강원일보〉에 당선되었다. 그렇게 문단에는 등단했지만 가난은 계속되었다. 그런 힘든 세월 속에서 자신을 아껴주는 사람을 만나 결혼도 했다.

결혼 후에도 지독한 가난은 계속되었다. 아내가 임신했을 때 그 흔한 검진 한 번 받지 못했는가 하면 남자의 손으로 첫아이를 직접 받아야 했다. 하지만 그는 그런 힘든 환경 속에서도 소설에 대한 열정을 잃지 않았다.

이외수는 힘들 때마다 자신을 믿고 또 믿었다.

"세상아, 기다려라. 어떻게 해서든 일생에 단 한 번쯤은 인간이 오직 먹고살기 위해서 살아 있는 것이 아니라는 사실을 보여줄 것이다. 지금까지 내가 살아온 길은 나 자신에 대한 빚이면서 또 타인들에 대한 빚임에 틀림없다.

그러나 내게는 빚을 갚을 것이라는 확신이 있다. 내가 살아온 모든 나날들은 처절한 굶주림과 고통의 연속이었지만 그것들 또한 나의 재산이다. 그것들은 언젠가는 내 소설의 거름으로 썩을 것이다. 그리고 그 거름이 단 한 그루의 나무라도 크게 키워 아름다운 열매를 맺게 할 것이다. 나는 오직 그 희망이 있으므로 부끄러움을 무릅쓰고 아직까지도 살아 있다."

자, 지금 이외수는 어떤 인생을 살고 있는가? 그 누구보다 멋지고 성공적인 인생을 살고 있다. 펴냈다 하면 수십만 부가 팔리는 베스트셀러 작가이자 방송인으로도 활동하며 행복한 인생을 살고 있다. 지금의 이외수가 있을 수 있는 것은 시련과 역경 앞에 자신의 꿈을 믿으며 당당했기 때문이다.

이외수는 사람들에게 이렇게 말한다.

"오로지 한 가지 꿈에 순정을 바칠 결심을 하라. 평생을 바쳐도 아깝지 않은 꿈, 그대와 연관된 모든 사람들을 행복하게 만드는 꿈. 그러한 꿈을 이루기 위해 노력한다면 분명 자신이 원하는 인생을 창조할 수 있다."

맥시 필러와 이외수가 숱한 고생을 감내할 수 있었던 것은 희망을 단단히 붙잡고 있었기 때문이다. 희망은 자신을 믿는 주인을 절대 배신하지 않는다. 오히려 주인을 감동시키기 위해 최선의 노력을 기울인다. 그래서 꿈은 절대 배신하는 일이 없다는 말이 생겨났다.

꿈이 있는 사람은 결코 시련과 역경 앞에서 흔들리지 않는다. 오히려 희망을 부여잡고 적극적으로 행동한다. 그리하여 시련과 역경을 기회로 바꾸어 꿈과의 거리를 좁히게 된다. 성공한 사람들은 하나같이 희망으로 좌절과 절망의 강을 건넜던 사람들이다.

살다 보면 때로 예기치 못한 시련과 역경에 처할 때가 있다. 그럴 땐 맥시 필러와 이외수를 떠올려보라. 그들이 그랬던 것처럼 좌절하거나 절망하기보다 긍정에 초점을 맞추어 당당하게 행동하기 바란다.

"쉽고 편안한 환경에서는 강한 인간이 만들어지지 않는다.
시련과 고통의 경험을 통해서만 강한 영혼이 탄생하고 통찰력이 생기며
일에 대한 영감이 떠오른다. 이 모든 과정을 겪은 뒤에
찾아오는 것은 단 하나, 바로 성공이다."

−헬렌 켈러−

Part 2

노력은 보이지 않는
차이를 만든다

청춘은 청춘에게 주기에는 너무 아깝다

며칠 전 서울의 한 대학교에서 꿈을 주제로 특강을 가졌다. 특강이 끝나고 질의응답 하는 시간이 이어졌다. 그때 몇몇 학생들이 이렇게 물었다.

"선생님, 저는 변호사가 되고 싶은데 어떻게 해야 하나요?"

"생생하게 꿈꾸면서 노력하면 꿈은 반드시 이루어진다고 하셨는데 제 꿈도 이루어질까요?"

"꿈을 좀 더 쉽게 이룰 수 있는 비결은 없을까요?"

나는 이렇게 대답했다.

"꿈을 이루는 비결은 간단합니다. 다시 말하지만 확고한 꿈을 가지는 것입니다. 그리고 그 꿈을 달성하기 위한 수단이 필요한데, 구체적인 목표와 계획이라고 할 수 있어요. 항상 꿈을 떠올리면서 하루하루 목표를 이루기 위해 계획대로 최선을 다해 살면 됩니다. 그러면 몇 년 후 꿈을 이룬 자신의 모습을 발견하고 놀라움을 금치 못할 것입니다. 그리고 반드시 할 수 있다고 자신을 믿어야 합니다."

나는 그동안 꿈을 이룬 사람들과 그렇지 않은 사람들을 만나면서 한 가지 특징을 발견했다. 꿈을 이룬 사람들은 모든 과정이 꿈과 이어진다는 것을 알고 있었던 반면에, 그렇지 않은 사람들은 꿈만 중요하게 생각했지 그 과정은 소홀히 했다는 것이다. 모든 과정은 꿈과 이어진다는 것을 몰랐거나 간과했던 것이다.

청춘들과 대화를 나누다 보면 깜짝 놀랄 때가 한두 번이 아니다. 그들은 오로지 자신이 원하는 기업에 입사하기 위해 스펙을 쌓거나 공무원 시험에 치중하고 있다. 그들에게 "꿈이 무엇인가?" 하고 물어보면 한참 후에야 대답한다. 그것도 "연봉 높은 회사에 들어가 고속 승진하는 것"이라는 대답이 주류를 이룬다. 눈앞의 이익보다 다소 힘들고 불투명하더라도 간절한 꿈을 실현하기 위해 분투해야 하는 시기가 청춘이기에 안타까운 마음이 앞선다.

청춘은 청춘에게 주기에는 너무 아깝다. 청춘은 지금의 푸르른 시절이 영원히 지속될 것이라는 착각 속에 산다. 그래서 절박한 마음으로 살지 못한다. 그러다 보니 가슴 뛰는 꿈을 설정하고 그 꿈을 이루기 위해 노력하기보다 쉽고 편하게 살고자 애쓰게 되는 것이다.

2010년 12월 30일자 〈연합뉴스〉에 이덕기 기자가 '72세 할머니가 영문학 박사학위' 라는 제목의 기사를 소개했다.

"대학에서 공부하는 순간순간이 경이로움의 연속이었어요."

고교 졸업 후 40여 년 만에 대학에 진학한 할머니가 10년 만에 학사와 석사 과정을 모두 거치고 박사학위까지 받게 되어 화제다.

주인공은 대구가톨릭대학교 영어영문학과에서 박사학위 논문이 통과되어 내년 2월 박사모를 쓰는 김경자(72) 할머니. 30일 대구가톨릭대에 따르면 김 할머니가 최근 저술한 박사학위 논문 〈제임스 조이스의 정치의식〉이 이날 논문 심사를 통과했다.

일본 제국주의의 지배를 받은 전력이 있는 우리나라의 역사적 배경과 영국의 지배를 받고 있는 아일랜드의 현실에 공감대를 느낀 김 할머니는 제임스 조이스의 작품을 분석, 조국에 대한 그의 애착을 조명했다.

여고 졸업이 최종 학력이었던 김 할머니가 손을 놓았던 공부를 다시 시작한 것은 30년 전인 1980년께였다. 전두환 전 대통령 시절 정부에서 과외 금지 조치가 내려지면서 당시 초등학생이던 아들(42)에게 직접 영어를 가르치기 위해 영어교재를 구입, 독학으로 영어 공부를 시작한 것. 김 할머니는 독학으로 영어 공부를 재개한 지

20년 만인 지난 2000년 당시 환갑을 넘긴 나이로 지역의 한 대학 영어통번역 전공에 입학했고 2년 뒤 대구가톨릭대 영어영문학과 3학년에 편입, 학사학위를 받았다. 이어 김 할머니는 2004년과 2007년에 각각 석사와 박사과정에 진학, 학업을 계속했고 마침내 이날 박사학위 논문이 통과되는 결실을 거두었다.

이 과정에서 김 할머니는 자녀들은 물론이고 며느리와 두 손자들의 영어 선생님 역할을 톡톡히 했고 지역의 한 전문대에서 한 학기 동안 학생들에게 기초회화를 가르치기도 했다.

'학교 공부의 끝은 다른 공부의 시작'이라고 주장하는 김 할머니는 작가가 되기 위해 내년 2월에는 경북대 평생교육원 창작과에 들어갈 예정이다.

김 할머니는 "늙어서도 공부하는 모습을 보이는 것이 자식들의 인생에 길잡이가 되는 것 같아 좋고 그동안 공부한 것을 바탕으로 앞으로 자전적 소설을 쓰고 싶다."고 포부를 밝혔다.

김 할머니의 사연을 접하면서 나도 모르게 눈시울이 뜨거워졌다. 대부분 저 연세가 되면 편안한 노후를 즐기며 인생을 정리하는 것을 당연하게 생각한다. 그런데 "학교 공부의 끝은 다른 공부의 시작"이라는 김 할머니의 말에 코끝이 찡하고 가슴이 뜨거워지는 건 어인 일일까?

지금 청춘이라고 해서 언제까지 청춘일 순 없다. 인생, 혹하다가는 훅 가는 수가 있다. 현재를 대충 살다가는 머지않아 뼈저리게 후회하게 된다. '다시 한 번 그때로 되돌아갈 수 있다면' 하고 눈물짓게 된다. 원기 왕성한 지금 간절히 바라는 것을 이루기 위해 최선의 노력을 기울여야 한다. 설사 그 과정에 시련과 역경이 따르더라도 도전하고 또 도전해야 한다. 모든 성공은 꾸준한 노력과 도전 속에서 만들어지기 때문이다.

청년 실업난이 갈수록 심해지고 있다. 이런 분위기 속에서 며칠 전 한 신문에서 한 대학생이 연 매출 6억 원의 김치 CEO로 변신해 화제가 되고 있다는 기사를 보았다. 주인공은 건국대 전기공학과 3학년에 재학 중인 노광철 씨다.

그는 기사에서 이렇게 말했다.

"군대 시절 우연히 본 신문 기사 하나가 제 인생에 길을 열어주었다."

그가 처음 김치 사업에 관심을 갖게 된 것은 군 복무 중이던 2008년의 어느 날이었다. 우연히 부대 안 도서관에서 신문 한쪽 면에 난 청년 실업률 기사와 다른 한쪽 면에 난, 중국산 김치를 한국산으로 속여 판 사람들이 경찰에 적발되었다는 소식을 접하고부터다. 그 후 그는 누구나 안심하고 먹을 수 있는 김치를 만들어 팔겠다고 결심했다. 이후 제대할 때까지 1년여 동안 취사병에게서 김치 담그는 방법을 배우는가 하면 인터넷을 활용해 김치 발효 유산균을 공부했다.

그는 제대 후 집 근처 작은 상가에 가게를 차렸다. 그동안 사회 경험이 없었던 터라 많은 어려움이 있었다. 그러나 그는 어려움을 하나씩 극복해나갔다. 그 결과 지금은 연 매출 6억 원의 김치제조업체를 운영하는 '대학생 CEO'가 되었다.

대부분의 사람들이 성공하지 못하는 것은 자신의 꿈이 무엇인지, 자신이 무엇을 하고 싶은지 모르기 때문이다. 설사 안다고 하더라도 그것에 자신의 전부를 걸지 못하면 절대 성공할 수 없다. 성공은 마음만 먹는다고 이루어지지 않기 때문이다. 연 매출 6억 원에 대해 부러운 시선만 보내기보다 대학생 신분으로 김치 가게를 차린 그에게 얼마나 많은 어려움이 따랐을까 생각해볼 필요가 있다. 그럼에도 그가 나름 성공할 수 있었던 것은 자신의 전부를 걸었기 때문이다. '이거 아니면 나는 죽는다'는 절박함이 있었기 때문이다. 그렇다. 청춘은 꾸준히 노력하는 사람이다.

물론 때로 전부를 걸더라도 무참히 깨지곤 한다. 그렇더라도 그동안의 과정이 수포로 돌아가지는 않는다. 목적하는 바를 성취하기 위해 나아가는 과정에서 결코 돈으로 살 수 없는 교훈을 얻었기 때문이다.

실패하고 넘어지는 것도 청춘의 특권이다. 괴테의 말을 참고해보라.

"청춘도 언젠가는 나이가 든다. 관대해지려면 나이를 먹으면 된다. 그 어떤 잘못을 봐도 모두 자신이 저지를 뻔했던 것들이기 때문에 용서할 수 있게 된다."

청춘이기에 꿈을 향해 전부를 걸 수 있고, 실패하고, 넘어져도 용서가 된다. 그러니 지금 하고 싶은 일에 죽을힘을 다해 매달려보라. 훗날 후배 청춘들에게 "청춘은 청춘에게 주기에는 너무 아깝다."라고 충고하는 어리석은 인생 선배가 되지 않기 바란다.

소설보다
자기계발서를 읽어라

머칠 전 한 여대생으로부터 이런 메일을 받았다.

"그동안 살아오면서 다양한 자기계발서를 읽어보았습니다. 그런데 그러한 책들을 읽을 때마다 전하는 메시지가 비슷하다는 생각이 들더군요. 그럼에도 자기계발서를 읽을 때마다 성공에 대한 강한 동기부여가 되었고 '나도 할 수 있다' 는 자신감이 생겼습니다.

현재 제가 학업으로 바쁜 대학생이다 보니, 수없이 많은 자기계발서 가운데 어떤 책을 읽어야 할지 살펴볼 여유가 없습니다. 하지만 정말 좋은 자기계발서 두 권 정도는 항상 옆에 두고 보려고 합니다.

권동희 소장님, 20대인 제가 꼭 읽어야 할 자기계발서가 있으면 꼭 추천해주세요. 늘 옆에 두고 보면서 자극받고 배울 수 있는 책으로요. 참고로

저는 여대생이고 회계사를 꿈꾸고 있습니다."

나는 그 여대생에게 내가 강한 동기부여를 받았던 책 몇 권과 앞으로 내가 읽고 싶은 책을 섞어서 추천해주었다. 지금의 나 역시 소설보다 자기계발서를 주로 읽는 편이다. 물론 소설과 인문, 종교 분야 등의 책들도 읽는 편이지만 주로 자기계발서를 읽는다. 지금 내가 좋아하는 일을 하며 살 수 있는 것은 소설과 자기계발서, 두 종류의 책 덕분이라고 해도 과언이 아니다. 소설은 책과 담쌓았던 내가 책벌레로 변신하도록 끌어당겼고 자기계발서는 내 안에 깃들어 있는 잠재력을 이끌어내주었다. 책벌레가 된 뒤 계속적으로 자극받고 영감을 받았던 책은 소설보다는 자기계발서였다. 지금도 자기계발서를 통해 꾸준히 자극과 영감을 받고 있다.

《질문을 던져라 책이 답한다》의 저자이자 파워블로거인 김은섭은 〈해운대인터넷뉴스〉 '리치보이 김은섭 책을 말하다' 라는 코너를 통해 어린 시절 자신이 책을 가까이하게 된 계기를 이렇게 설명한다.

"내가 처음으로 책을 구입한 때는 초등학교 4학년 때다. 아저씨 몇 명이 하굣길에 길가에 트럭을 세워 놓고 주소와 연락처만 받고 아이들에게 선물이라고 나눠 준 것은 철제 마징가 제트. 그 당시 반에서 부잣집 자식 한두 명만 갖고 있을 법한 고가의 희귀 장난감이었다.

나는 늦을세라 줄을 서 있는 수십 명의 아이들 사이에 뛰어들었다. 이틀 후 집에 돌아왔을 때 나를 기다린 것은 내 방에 산더미처럼 쌓인 두 질의 소년소녀문학전집과 아버지의 몽둥이 찜질이었고, 그 후 1년 동안 책 할부금 4,000원을 내는 25일이 되면 아버지 앞에서 한 달 동안 읽은 책을 검사받아야 했다. 그때 읽은 50권짜리 소년소녀세계문학전집 중에 가장 기억에 남는 것은 에드거 앨런 포의 《검은 고양이》로 한 권의 책이 TV물인 '전설의 고향' 보다 훨씬 더 무서울 수 있음을 처음 알았다.

특히 이미 주검이 된 검은 고양이가 콘크리트 벽 속에서 다시 살아서 울고 있던 마지막 장면은 얼마나 무서웠던지 엄마 다리를 끌어안고 엉엉 울었을 정도였다. 독서를 그저 종이 위에 새겨진 글을 읽는 것으로 알다가 눈앞에 그림과 영상으로 보는 듯 느끼는 것이란 걸 《검은 고양이》를 통해 배운 셈이다. 비록 돈은 아버지가 내주고 대신 매로 때웠지만 공식적인 나의 책 읽기는 이때부터 시작되었다고 봐야 할 것이다."

김은섭은 대학을 졸업한 뒤 사회생활을 하면서 소설보다는 경제경영서를 읽기 시작했다고 한다. 그 이유를 이렇게 말한다.

"'지식의 저주'로부터 벗어나기 위해서였다. 내 관심사, 내가 맡은 일에 푹 파묻혀 고민하는 것에서 벗어나 다른 사람의 생각을 보다 폭넓게 이해하고 무엇보다 업무에 있어서 비전이나 핵심가치 같은 보다 거대한 생각들을 받아들이는 귀를 갖고 싶었기 때문이었다."

지금의 김은섭을 만든 것은 소설보다는 자기계발서라고 할 수 있다. 그는 자기계발서를 통해 숱한 자극과 영감을 받았고, 그것들은 다시 그에게 꿈과 비전과 같은 인생의 성공 키워드를 제시했기 때문이다. 사실 자기 분야에서 어느 정도 위치에 오른 사람들을 만나보면 소설보다는 자기계발서를 주로 읽는다는 것을 알 수 있다. 치열하게 살기 위해선 나보다 더 잘나가는 사람들의 채찍질이 필요한데 그 채찍실이 바로 자기계발서이기 때문이다.

나는 소설과 자기계발서를 읽는 부류의 차이점을 나름대로 분석해보았다.

소설을 주로 읽는 부류

① 두루뭉술한 꿈과 목표를 가지고 있다.

② 책을 읽는 이유는 대부분 대리만족 또는 재미를 위해서다.

③ 자주 의욕이 저하되는 것을 느낀다.

④ 긍정적 사고보다 부정적 사고가 팽배하다.

⑤ 확고한 꿈과 목표의 부재로 도전을 두려워한다.

자기계발서를 주로 읽는 부류

① 확고한 꿈과 목표를 가지고 있다.

② 책을 통해 끊임없이 자극과 영감을 받는다.

③ 수시로 동기가 저하될 때 책 속에 담겨 있는 성공 스토리를 통해 스스로를 추스른다.

④ 부정적 사고보다 긍정적 사고를 지녔다.

⑤ 꿈과 목표를 실현하기 위해 꾸준한 노력을 기울이고 도전을 즐긴다.

소설을 즐겨 읽는 사람들은 인생을 좀 느슨하게 사는 사람들이 많은 데 비해 자기계발서를 가까이하는 사람들은 치열하고 뜨겁게 사는 사람들이 많았다. 그들은 꿈과 목표를 하나씩 실현해나가는 과정에서 기쁨과 행복을 만끽하고 있었다. 그들이 고군분투하며 살 수 있는 것은 매일 자신보다 성공한 사람들의 성공 스토리를 통해 동기 저하를 막는 예방주사를 맞기 때문이다.

한 포털사이트에서 한 네티즌이 올린 '내가 자기계발서를 멀리하는 네 가지 이유'라는 글을 보았다. 네티즌은 자신이 자기계발서를 멀리하는 이유를 다음과 같이 밝히고 있다.

① 화법이 직설적이다.

많은 자기계발서가 제목에서부터 '~해라'라고 강요한다. 책 한 권에 내가 무언가 해야 할 것투성이다. 너무 많기도 하거니와 그 명령이 싫다. 괜히 불쾌해질 때가 있다.

② 요점정리로는 승부할 수 없다.

자기계발서는 개인의 활동에 대한 요점정리라고 할 수 있다. 요점정리의 효용은 안다. 하지만 요점정리 노트만으로는 시험에서 좋은 성적을 받을 수 없다. 효율적이고 효과적인 선택은 통찰력을 필요로 한다. 뭐든 그렇지만, 흐름을 읽는 것이 중요하다. 요점정리로는 그 흐름을 읽기 힘들다.

③ 위험을 상품화 한다.

팍팍한 세상이라는 것, 나도 잘 안다. 책에서 굳이 그렇게까지 강조할 필요는 없다. 생각지 못한 통찰을 엿볼 수 있는 책도 있지만, 많은 책들이 위험을 지나치게 부각시키며 자신의 주장을 돋보이게 하려 한다. 책에 나온 대로 살지 않으면, 이 책에 있는 정보를 모르면, 당신은 패배자가 될 것이라는 말이 난무한다. 정말 싫다.

④ 실패의 책임을 개인에게 전가한다.

개인이 힘든 이유는 그 개인 때문만은 아닌데도, 자기계발서는 개인이 초래하는 위험과 실패의 원인들 위주로 이야기를 전개한다. 내 잘못이 아닌 부분에서도, 누가 자꾸 열심히 해서 문제를 해결하라고만 하면 기분 나쁘다. 내가 이런 책을 멀리하는 가장 큰 이유다.

물론 네티즌의 의견이 무조건 그르다고 할 수는 없다. 누구나 나와 상반되는 견해를 가질 수 있기 때문이다. 다만 네티즌의 글을 읽어보면 자기계발서를 너무 부정적으로 받아들이는 것이 아닌가 하는 생각이 든다. 내가 청춘들에게 소설보다는 자기계발서를 주로 읽어라, 라고 권유하는 것은 책을 읽는 사이 자신도 모르게 끊임없이 자극을 받기 때문이다. 자극은 다시 영감으로 이어진다. 사실 나보다 더 성공한 사람들의 성공 스토리를 읽게 되면 살짝 부럽기도 하고 배가 아프기도 한다. 그러면서 나도 할 수 있다는 자신감을 갖고 도전하게 된다. 이것이 바로 자기계발서의 힘이다.

세계적인 경제지 〈포브스〉가 선정한 일본의 최고 자산가, 소프트뱅크의 CEO 손정의. 그는 위대한 성공을 이룩한 인물로 꼽아도 손색이 없다. 그를 성공으로 이끈 것은 다름 아닌 책이었다. 그것도 자기계발서였다. 20대 때 한창 사업에 매진하던 손정의는 1983년 간염으로 병원에 입원하게 되었다. 그때 그는 좌절하기보다 3년 동안 병원에 입원해 있으면서 매일같이 성공한 사람들의 책을 읽으며 자극과 영감을 얻었다. 당시 그가 3년 동안 읽은 책이 무려 4,000여 권에 달한다.

그는 다독을 통해 바로 곧 인터넷 시대가 도래한다는 것을 예감했다. 인터넷을 먼저 선점하는 기업이 성공한다는 것을 자각한 그는 800억 엔의 거액을 들여 세계 최대의 컴퓨터 전시회인 '컴덱스'를 인수했다. 또, 컴퓨터 업계에서 세계 최대의 출판사인 지프 데이비스를 사들인다. 이때 들인 돈은 무려 2,300억 엔이었다. 사람들은 그런 그를 보며 쓸모없는 기업을 거액에 사들였다며 수군거렸다. 그러나 그는 자신의 판단이 옳았다는 것을 증명해 보이겠다고 결심했다.

손정의는 지프 데이비스의 직원들에게 한 가지 특명을 내렸다. 21세기 세상을 이끌 사이트 5개를 찾아내라고 지시한 것이다. 그렇게 해서 찾은 것이 바로 야후였다. 당시 야후는 미국 직원이 겨우 6명에 불과한 신생기업이었다. 그는 이제 막 설립된 야후의 무한한 잠재적 가치를 내다보고 선뜻 100억 엔을 투자해 최대 주주가 되었고, 야후 재팬을 만들었다. 이 모든 것을 가능하게 해준 것이 바로 책, 자기계발서였다.

미래는 확고한 꿈을 가슴에 품고 그것을 실현하려는 현재의 노력에 달렸다. 하지만 꿈 실현과 성공은 생각처럼 쉽지 않다. 그것을 향해 나아가다가도 예기치 못한 시련과 역경과 맞닥뜨리게 되면 전의를 상실해 포기해버리곤 한다. 힘들고 고통스럽더라도 포기하지 말고 계속 가야 하는데 안타깝게도 중도에 멈추어 서버리는 것이다. 대부분의 사람들이 꿈을 실현하지 못하고 고만고만하게 살아가는 것은 이 때문이다.

그러나 성공자들의 성공 스토리가 담겨 있는 자기계발서를 가까이하게 되면 과정과 결과는 달라질 수 있다. 먼저 어려움을 극복한 성공자들의 사례를 통해 시련과 역경을 대하는 자세가 달라지기 때문이다. 어려움을 더 멀리 나아가도록 도와주는 도약의 발판으로 삼게 된다.

많은 독자들이 《당신은 드림워커입니까》를 읽고 나를 찾아왔다. 내가 20대인 그들에게 가장 가까이 느껴지는 멘토라고 한다. 같은 20대의 역경과 시련을 거쳐 서른 살을 맞이하고 누구나 겪을 법한 이야기로 성공 스토리를 들려주기 때문이다. 바로 그것이다. 자기계발서는 내가 가장 필요로 하는 순간의 삶을 이야기해준다. 그리고 나는 거기서 희망을 얻는다. 지금은 20대의 필독서가 되면서 〈드림자기계발연구소〉 프로그램 중 하나인 '드림워커 프로그램'의 참여자가 많아졌다. 그들은 이제 어느 누구도 아닌 자신을 믿는 위대한 삶을 살고 있다. 현재 참여 중인 드림워커들은 인생에서 얻은 경험과 지식으로 남을 도우며 살고 싶다고 말한다. 내가 했다면 당신도 할 수 있다고 말이다.

북코치 권윤구는 자신의 블로그 '북코치, 책을 말하다'에서 자기계발서를 읽는 이유를 이렇게 말한다. 이보다 더 명쾌한 설명이 또 있을까.

"신간이든 고전이든 자기계발서들을 정기적으로 읽어야 하는 이유는 수시로 동기가 저하되는 나 자신을 다시 추스르기 위함이다. 나는 여전히 가치 있는 사람이라는 격려도 받고, 다시 실패하지 않기 위해서 무엇이 필요한지에 대한 조언도 얻을 수 있기 때문이다."

노력,
그 보이지 않는 차이

성공한 사람들에게서는 한 가지 공통점을 찾을 수 있다. 바로 지독한 노력파라는 것이다. 그들은 힘들었던 시기를 꾸준한 노력으로 극복할 수 있었다. 그래서 성공한 현재에도 초심을 잃지 않고 최선을 다해 산다.

어느 분야건 꾸준히 노력하지 않고선 절대 최고가 될 수 없다. 나 말고도 최고가 되기 위해 죽을힘을 다하는 사람은 헤아릴 수 없을 정도로 많기 때문이다. 그들 속에서 두각을 나타내기 위해선 노력, 또 노력하는 수밖에 없다.

2010년 작고한 번역가이자 소설가였던 이윤기. 그는 그리스 로마 신화 열풍을 일으킨 주인공이다. 그는 과거 대학을 중퇴하는 등 많은 어려움을 겪었지만 자신이 번역한 소설 《장미의 이름》, 《푸코의 진자》등이 베스트셀러가 되면서 유명세를 타기 시작했다. 그러나 지금의 그를 만든 것은 단연 《이윤기의 그리스 로마 신화》다. 100만 권이 넘게 팔렸는가 하면, 만화로도 출간되어 현재도 어린이들의 많은 사랑을 받고 있다.

그렇다면 왜 하필 그가 그 많은 신화 가운데 그리스 로마 신화에 관심을 가졌던 것일까? 그의 직업과 관련이 있다. 학생시절 신학대학을 다닌 그는 1991년부터 1996년까지 미시간 주립대학 종교학 초빙연구원으로 근무한 바 있다. 이때 그는 스스로를 그리스 신화에 등장하는 '모노 산달로스', 신발 한 짝을 잃어버린 사나이로 규정하고 자신의 신화 탐구를 '잃어버린 신발을 찾는 작업'으로 여기는 등 신화에 남다른 애정을 가졌다. 무엇보다 오랫동안 이 분야에 대한 책을 번역하면서 그리스 로마 신화에 대한 전문가가 될 수 있었다.

이윤기의 유명세는 노력, 즉 성실성에서 비롯되었다고 해도 과언이 아니다. 그는 오랜 세월 동안 매일 여덟 시간 이상 번역을 한 것으로도 유명하기 때문이다. 이런 치열함 속에서 《그리스와 로마의 신화》, 《신들의 전성시대》, 《트로이 전쟁과 목마》 등 그리스 로마 신화 관련 서적이 번역되어 나왔다. 이때 번역하는 과정에서 얻은 지식으로 《이윤기의 그리스 로마 신화》를 쓸 수 있었다.

이윤기는 한 인터뷰에서 이렇게 말한 바 있다.

"내 고정 독자가 보통 만 명에서 만 5,000명 정도 되는데, 재능이 없는 내가 중산층으로 살아가려면 여덟 시간 이상 일을 할 수밖에 없어요. 그리고 하루 여덟 시간의 작업으로 원고지 40~50매를 쓰게 되면 한 달에 한 권의 책이 나올 수밖에 없지요. 그러니까 내가 특별히 독을 품고 일을 몰아치는 건 아니지요. 나는 어렸을 때 하나님께 이렇게 기도했어요. '주여, 나를 필요로 하는 곳의 부름을 거절하지 않도록 하소서'라고. 그래서 출판이나 강의나 내게 요청이 오면 나는 거의 거절하지를 않아요. 물론 지금 나는 그런 내 나름의 도전에서 도망치고 싶을 정도예요. 하지만 한 번 싸워볼 거예요."

"적당히 번역하면 나도 굉장히 빨리 일할 수가 있어요. 나는 번역을 빨리 해서 하루에 100장, 150장 정도는 문제가 아니에요. 근데 거기에 함정이 있는 거예요. 넘어가고 싶은 유혹에 절대로 지면 안돼요. 그때가 고통스러워요. 단어 하나를 못 찾아서 밤새 머리를 굴리는 거예요. 사전에는 있지만, 나는 사전에 있는 말을 '말의 감옥에 있는 재소자'들이라고 하거든요. 그래서 그 말을 안 쓰고 시장에서 펄펄 살아 뛰는 그런 말을 쓰고 싶은 거예요. 그때 제일 고통스러워요. 내가 움베르토 에코를 번역했을 때, 하루에 10장도 번역하고, 15장도 번역하고 했어요. 번역가가 그렇게 해서는 못 먹고살아요. 그러나 그 싸움을 이겨낸 것을 굉장히 자랑스럽게 생각해요. 책 집어 던지고, 막 밟고 한 게 한두 번이 아니에요."

이윤기는 작가 가운데서도 누구보다 치열하게 번역하고 글을 쓴 사람이다. 그래서 그의 인생 곳곳에는 땀이 배어 있다. 그가 우리나라 출판계에서 최고의 번역가로 손꼽혔던 것은 이런 지독한 노력 덕분이었다. 자신의 일을 대충대충 하는 사람들은 어디서건 인정받지 못한다. 나처럼 타인들 역시 보는 눈이 있기 때문이다. 어쩌면 나보다 타인들의 눈이 더 정확하고 예리하다는 것을 기억해야 한다.

어떤 세상이 오더라도 꿈과 목표를 가지고 꾸준히 노력하는 자세를 견지한다면 얼마든지 성공할 수 있다. 눈을 크게 뜨고 보면 곳곳에 기회가 널려 있다. 그런데 이런 기회를 잡는 사람은 극소수에 불과하다. 치열하게 인생을 사는 사람들이 그 기회를 잡는다.

파리에서 길을 가던 한 중년 여인이 카페에 앉아 있는 피카소를 발견했다. 그녀는 익히 그의 명성을 알고 있던 터여서 흥분을 감추지 못했다. 그녀는 피카소에게 자신의 초상화를 그려 달라고 부탁했다. 그에 따른 대가는 얼마든지 지불하겠다는 의사를 내비쳤다.

피카소는 처음 보는 중년 여인임에도 몇 분 만에 스케치를 해 주었다. 그러고 나서 말했다.

"50만 프랑입니다."

우리 돈으로 8,000만 원에 달하는 돈을 요구하자 그녀가 깜짝 놀라며 말했다.

"아니, 선생님은 그림을 그리는 데 불과 몇 분밖에 걸리지 않았잖아요?"

피카소가 대답했다.

"천만에요. 나는 당신을 그리는 데 40년이나 걸렸소."

피카소가 그림 값으로 50만 프랑을 부를 수 있었던 것은 자신의 실력에 자부심이 있었기 때문이다. 그 자부심은 40년 동안 꾸준히 그림을 그렸던 데서 나왔다. 만일 그가 치열한 정신으로 그림을 그리지 않았다면 명성을 가진 화가의 반열에 오르지 못했을 것이다.

나는 청춘들에게 어떤 일을 하더라도 꾸준히 하라고 조언한다. 꾸준히 할 때 자신의 잠재력과 가능성, 그리고 지금 하는 일이 나와 맞는지, 맞지 않는지 알 수 있기 때문이다. 그런데 대부분의 청춘들은 길게 해보지도 않고 금세 싫증을 느끼고 그만두어버린다. 그러고선 그 일은 자신과 맞지 않는다며 다른 일을 찾아 떠난다. 이처럼 끝까지 해보지 않고선 메뚜기족으로 전락하고 만다. 이런 사람은 성공은커녕 밥벌이마저 위태롭게 된다.

미국의 소설가 스티븐 킹. 그가 쓴 《그린마일》, 《쇼생크 탈출》 등의 소설들은 시나리오로도 각색되어 영화화되기도 했다. 그는 현재 3억 5,000만 부가 넘는 판매부수 기록을 보유하고 있다.

지금은 세계적인 베스트셀러 작가의 반열에 올랐지만 과거에 그는 무척 가난했다. 굶는 일도 다반사였고 전화 요금을 내지 못해 전화국에서 전화선을 끊어버렸을 정도였다. 그러나 훗날 그가 유명해지자 그와 계약을 맺으려는 출판사들의 전화가 쇄도했다고 한다.

스티븐 킹은 종종 머릿속에 깃들어 있는 구상만으로도 천문학적인 계약금을 받고 출판사와 계약을 하기도 했다. 현재 그는 그 누구도 부럽지 않은 백만장자 소설가가 되었지만 여전히 열심히 작품 활동을 하고 있다.

그렇다면 지독히도 가난했던 그가 어떻게 세계적인 베스트셀러 작가가 될 수 있었을까? 그 성공 비결로 두 가지를 꼽을 수 있다. '근면' 과 '성실'이다. 1년 동안 그가 작품 활동을 하지 않는 시간은 단 일흔두 시간뿐이다. 쉽게 말해 1년 가운데 사흘만 쉰다는 말이다. 생일, 성탄절, 국경일만큼은 글쓰기를 멈추고 다른 일을 하며 시간을 보낸다.

스티븐 킹의 작업 스타일은 여느 작가들과 다르다. 대부분의 작가들은 영감이 떠오르지 않으면 글쓰기를 멈추고 다른 일에 매달린다. 그러나 그는 영감이 떠오르지 않아도 매일 5,000자의 글을 적었다. 이런 성실한 습관이 무명의 그를 베스트셀러 작가로 만들어준 것이다.

언젠가 그는 이런 말을 했다.

"나는 영감이 떠오르지 않을까 걱정해본 적이 없다. 영감이 떠오르지 않아도 그날 정해진 양만큼 글을 쓰기 때문이다."

어떤 일을 하더라도 스티븐 킹과 같은 자세를 견지한다면 무조건 성공한다. 단지 좀 더 일찍 성공하느냐, 늦어지느냐의 시기적인 문제일 뿐이다. 나 역시 5여 년의 세월 동안 매일같이 나의 꿈을 믿고, 생생하게 그렸다. 이런 과정의 반복은, 지금은 확고한 꿈이 되어 동기부여를 위한 책을 쓰는 저력이 되었다.

노력은 배신하지 않는다. 그동안 성공한 사람들을 인터뷰하면서 성공이 클수록 거기에 쏟아부은 노력의 크기 또한 크다는 사실을 알 수 있었다. 사실 세상에 거저 얻는 성공은 없다. 따라서 지금보다 더 잘하고 싶다면 남들보다 더 열심히 해야 한다. 꾸준한 노력을 기울이지 않고선 결코 두각을 나타낼 수 없을뿐더러 성공할 수도 없다는 것을 기억해야 한다.

지금 이 순간,
인생에서 가장 중요한 시간이다

러시아의 대문호 톨스토이의 작품 중에 〈세 가지 질문〉이라는 단편소설이 있다. 어떤 왕에게는 인생에서 풀지 못한 세 가지 질문이 있었다.

첫째, 모든 일에서 가장 적절한 시기는 언제일까?
둘째, 어떤 인물이 가장 중요한 존재일까?
셋째, 세상에서 가장 중요한 일은 무엇일까?

일을 처리할 때마다 이 세 가지 질문을 토대로 결정을 내리려고 했지만 왕은 자신이 없었다. 그래서 현사들을 불렀지만 누구도 만족할 만한 대답을 내놓지 못했다. 그래서 왕은 성인으로 알려진 산골의 은

자를 찾아가 답을 얻고자 했다. 그러나 은자는 아무 대답 없이 밭만 갈고 있을 뿐이었다. 그때 갑자기 숲 속에서 한 청년이 피투성이가 되어 달려 나왔다. 왕은 자신의 옷을 찢어서 청년의 상처를 싸매고 정성껏 간호를 해주었다. 알고 보니 그 청년은 임금에게 원한을 품고 있던 젊은 신하였는데, 이 일로 마음속 원한을 풀고 충성을 맹세하게 되었다.

왕이 은자에게 다시 세 가지 질문에 대한 답을 구하자 은자는 이렇게 말했다.

"세상에서 제일 중요한 때는 바로 지금이다. 사람이 지배하고 사용할 수 있는 시간은 바로 지금뿐이기 때문이다. 그리고 제일 중요한 존재는 자신이 지금 대하고 있는 바로 그 사람이다. 마지막으로 제일 중요한 일은 지금 대하고 있는 바로 그 사람에게 정성을 다해 사랑을 베푸는 것이다."

톨스토이는 이 이야기를 통해 '내가 매일 만나고 접하는 사람에게 선을 행하고 사랑하는 것'이 가장 중요한 일이라는 메시지를 던지고 있다.

나는 〈세 가지 질문〉을 읽고 핵심을 '지금 이 순간이 인생에서 가장 중요한 시간이다'라고 귀결할 수 있었다. 인생에서 가장 중요한 시간인 현재를 충실히 살지 않고서는 절대 나아지지도 성공할 수도 없기 때문이다.

올림픽 십종경기에서 금메달을 딴 브루스 제너가 있다. 그는 금메달이라는 자신의 목표를 이루기 위해 날마다 최선을 다해 훈련에 임했다. 당시 그는 집 전체를 운동기구 전시관으로 꾸몄는데, 그렇게 하면 운동을 하지 않는 시간에도 늘 운동을 생각하게 되기 때문이다.

그는 자신의 가장 취약 종목인 110m 허들을 거실 한가운데에 세워 두고 하루에 서른 번씩 넘어 다녔다. 소파 뒤에는 장대높이뛰기에 쓰는 장대와 투창을 준비해 놓았다. 벽장에는 운동복과 운동화와 같은 운동 관련 소품들을 전시해 두었다. 이런 시각화는 마침내 그에게 금메달을 안겨 주었다.

르네상스의 거장 미켈란젤로. 그 역시 세계사에 이름을 남길 수 있었던 것은 순간순간에 최선을 다해 살았기 때문이다. 그가 얼마나 치열하게 살았는지를 잘 말해주는 일화가 있다. 하루는 미켈란젤로가 대리석상을 조각하고 있는 화실에 한 친구가 놀러 왔다. 그 친구는 완성 직전에 있는 작품을 감상하고는 돌아갔다.

그리고 2개월 후, 그 친구는 다시 화실에 들렀다가 깜짝 놀랐다. 미켈란젤로는 여전히 최선을 다해 조각상을 조각하고 있었는데 정작 그 조각상은 지난번과 별 차이가 없었기 때문이다.

의아한 표정으로 친구가 말했다.

"뭐야? 그대로잖아. 자네, 두 달 동안 게으름을 피웠군 그래."

"그게 무슨 소린가? 나는 두 달 동안 하루도 쉬지 않고 이 작업에 집중하고 있었다네."

피곤한 기색으로 미켈란젤로가 이어서 말했다.

"저쪽에 손을 새기고, 이쪽은 다시 갈았는데 보이지 않나? 그리고 이 부근의 얼굴 표정을 조금 더 부드럽게 손보고, 또 이 부근 근육을 탄력 있게 다듬었다네. 그런데 아무리 손봐도 영 마음에 들지 않는군. 이번에는 입술 주위를 조금 더 부드럽게 해볼 생각이라네."

친구가 비꼬듯 물었다.

"자네, 시간을 너무 허비하는 것 아닌가? 그다지 중요하지 않은 부분에 집착하다가는 절대 대작을 만들 수 없을 걸세."

그러자 미켈란젤로가 확신에 찬 어조로 말했다.

"자네 말처럼 그럴지도 모르지. 하지만 나는 아무리 사소한 것이라도 제대로 만들고 싶다네. 그리고 대작이란 세심한 주의를 기울이고 불굴의 노력을 쏟아야만 비로소 완성된다고 믿고 있다네."

미켈란젤로처럼 자신이 선택한 일에 확신을 가지고 끝까지 최선을 다해야 한다. 한순간 한순간의 최선이 모여 내공이 쌓이게 된다. 그리고 그 내공은 오늘보다 더 나은 내일을 만드는 인생의 주춧돌이 되어준다.

그러나 실패한 인생을 사는 사람치고 불굴의 의지로 노력한 사람은 거의 없다. 그들이 지나온 과거를 살펴보면 공부나 일을 할 때 보다 더 효율적으로 할 수 있는 방법을 찾기보다 어떻게 하면 쉽고 편하게 할 수 있을까, 하는 고민으로 시간을 낭비했다는 것을 알 수 있다. 더 잘하려고 노력하기보다 편하고 쉬운 방법만 찾으면 내공이 쌓이지 않는다. 그러다 보니 시간만 허비할 뿐 아니라 남들보다 뒤처지게 된다. 그런데 요즘같이 피 튀기는 경쟁 사회에서 뒤처진다는 것은 끝장을 의미한다.

한 청년이 석가모니를 찾아왔다. 그는 이렇게 질문했다.

"세존이시여, 이 세계는 시간적으로 영원합니까? 영원하지 않습니까? 또 공간적으로 시작과 끝이 있습니까? 없습니까?"

이 질문에 석가모니는 유명한 '독화살의 비유'로 답했다.

"어떤 사람이 독화살을 맞아 매우 위독한 상황에 처했다. 이때 가족들이

의사를 불러왔다. 그런데 그 사람이 '아직 화살을 뽑아서는 안 된다. 나
는 먼저 화살 쏜 사람의 이름과 신분, 그리고 화살을 무엇으로 만들었는
지 알아야겠다' 라고 말한다면 그는 그것들을 알기도 전에 죽고 말 것이
다."

지금 가장 중요한 일에 신경 써야 한다. 그렇지 않고 덜 중요한 일
에 신경 쓰게 되면 머지않아 후회하게 될 일이 생기게 된다. 성공자들
은 지금 어떤 일이 가장 중요한지 잘 알고 있다. 그래서 다른 시급한
일이 있어도 제쳐두고 중요한 일에 시간과 노력을 쏟는다. 그래서 성
공자들은 선택과 집중의 달인이라고 할 수 있다.

　누구나 행복한 미래를 맞이하고 싶어 한다. 하지만 행복한 미래는
지금 이 순간을 어떻게 보내느냐에 달렸다는 것을 잊어선 안 된다.

　이런 말이 있다.

그대, 눈부신 꿈을 꾸는가?

지금 최선을 다하라

그대, 불가능에 도전하는가?

지금 최선을 다하라

그대, 목표를 이루고 싶은가?

지금 최선을 다하라

그대, 인정받고 싶은가?

지금 최선을 다하라

그렇다. 꿈과 목표를 이루고 성공하고 싶다면, 지금 이 순간에 최선을 다하는 수밖에 없다. 마지막으로 경영학의 아버지 피터 드러커의 말을 들어보자.

"우리는 자신이 어떤 사람으로 기억되기 바라는지에 대해 스스로 질문해야 한다. 그리고 늙어가면서 그 대답을 바꿔야만 한다. 그 대답은 차츰 성숙해가면서 그리고 세상의 변화에 맞춰 바뀌어야만 한다. 마지막으로 기억할 만한 가치가 있는 것 한 가지는, 사는 동안 다른 사람의 삶에 변화를 일으킬 수 있어야만 한다는 것이다."

회복탄력성 지수를 높여라

명품은 숱한 고민과 고통 속에서 창조된다. 어려움을 참고 견디며 날마다 꾸준히 노력하는 가운데 비로소 명품이 탄생한다. 성공자들은 하나같이 명품이 탄생하는 과정과 같은 시간을 보낸 사람들이다. 즉 '회복탄력성' 지수가 높다는 뜻이다. 회복탄력성은 온갖 시련과 역경을 오히려 성장하고 발전하는 디딤돌로 활용하는 힘이라고 할 수 있다.

골이 깊어야 산이 더 높을 수 있듯이 슬픔과 고통, 괴로움을 통해 다져진 삶은 보다 눈부시다. 세상에 오르막이 없는 내리막이 없듯이 실패 없는 성공은 없다. 작든 크든 모든 성공에는 실패가 있게 마련이다. '자동차 판매왕' 조 지라드, '자동차 왕' 헨리 포드, '천재 물리학자' 알베르트 아인슈타인, 《빨강머리 앤》의 작가' 루시 몽고메리……. 이들은 모두 보통사람들은 상상도 할 수 없는 시련과 역경을 겪었다. 그러나 회복탄력성 지수가 높은 그들에게 시련과 역경은 오히려 더 멀리 나아갈 수 있게 해준 디딤돌이 되었다.

젊은 시절의 헨리 포드를 살펴보자. 그는 성공과는 거리가 먼, 실패로 점철된 인생을 살았다. 고생 끝에 1899년에 디트로이트 자동차 회사를 설립했지만 한 대도 생산하지 못한 채 문을 닫고 말았던 적도 있었다. 또, 1903년에 포드 자동차를 설립해 최고급 자동차를 생산했지만 성과는 저조했다. 그럼에도 그는 계속 도전했고 마침내 1908년에 그 유명한 모델 T를 생산해 큰 성공을 거두게 된다.

알베르트 아인슈타인은 학창 시절 열등생이었다. 교사들은 그를 산수도 제대로 못하는 구제 불능아로 여겼을 정도였다. 그는 청년 시절, 스위스 특허청에서 낮은 봉급을 받으며 틈틈이 책을 읽으며 보냈다. 낮에는 특허청에서 일하며 밤에는 실험을 계속했다. 결국 상대성 원리를 발표해 우주에 관한 새로운 지식을 인류에게 남겼다.

루시 몽고메리는 원고를 수많은 출판사로 보냈지만 모두 거절당하는 수모를 겪었다. 자신에게 작가로서의 재능이 없다고 생각한 몽고메리는 글쓰기를 포기하고 교사 자리로 돌아가려고 했다. 그러나 아쉬운 나머지 마지막으로 한 번 더 출판사에 원고를 보냈다. 다행히 그 출판사가 원고를 채택했고 소량 출간하게 되었다. 그때 믿을 수 없는 일이 일어났다. 서점에 나오기가 무섭게 책이 매진이 된 것이다.

그녀는 후속 편을 썼으며, 그렇게 해서 소설 《빨강 머리 앤》이 탄생하게 되었다.

이외에도 숱한 어려움을 극복하고 세계사에 길이 남을 작품을 남긴 위인들은 헤아릴 수 없이 많다. 그중에 몇 사람을 꼽는다면 다음과 같다.

베토벤은 한 곡을 최소한 열두 번 이상 고쳐 썼다.

미켈란젤로는 작품 〈최후의 심판〉을 그리는 데 8년을 투자했다.

레오나르도 다빈치는 〈최후의 만찬〉을 그리는 데 10년을 투자했다.

헤밍웨이는 소설 《노인과 바다》를 무려 여든 번이나 퇴고해 완성했다.

사마천은 《사기》를 집필할 때 총 130편의 자료를 수집해가며 18년이라는 인고의 세월을 견뎌야 했다.

노아 웹스터는 36년 동안 노력을 기울여 웹스터 사전을 남겼다.

박경리는 대하소설 《토지》를 26년에 걸쳐 완성했다.

조지 밴크로프트는 26년에 걸쳐 《미국사》를 완성했다.

괴테는 《파우스트》를 23세부터 쓰기 시작해 82세에 완성했다. 무려 60년이나 걸렸다.

성공하기 위해선 반드시 실패를 겪어야 한다. 실패를 통해서 잘되는 방법을 스스로 깨달을 수 있기 때문이다. 그래서 큰 성공, 위대한 성공을 이룩한 사람일수록 실패의 골 또한 깊다.

오프라 윈프리는 언젠가 자신의 쇼에서 이런 말을 했다.

"저는 그동안 사람들에게 각자 꿈을 가질 필요와 그것을 이룰 수 있다는 확신에 대해 자주 이야기하곤 했습니다. 그것은 분명한 진실입니다. 처음에는 몇 번의 좌절 때문에 어려움을 겪기도 했죠. 하지만 그러한 좌절은 저에게 어떠한 것도 이겨낼 수 있다는 가르침을 주었습니다. 우리가 불가능하다고 여기는 모든 것들을 우리는 할 수 있습니다."

2006년 7월 2일, 지질탐사의 마지막 코스인 데스밸리를 향해 다섯 대의 차량이 사막을 달리고 있었다. 앞차가 일으킨 뿌연 모래먼지의 궤적을 따라 달리던 중 한 남자가 운전하던 네 번째 밴 한대가 갑자기 전복되고 말았다.

남자는 사고가 난 지 3일 뒤에야 혼수상태에서 완전히 깨어날 수 있었다. 그가 바로 MIT 출신의 해양학자이자 서울대에서 연구를 진행하고 있던 이상묵 교수다. 그는 이 사고로 목뼈 신경에 손상을 입었고 목 아래 감각과 운동신경을 모두 잃었다.

그러나 사고 6개월 만인 2007년 1월 기적적으로 서울대학교에 복귀해 많은 사람들을 놀라게 했는가 하면, 이듬해 3월 첫 강의를 하며 사회적으로 주목을 받기 시작했다.

현재 손을 전혀 사용할 수 없는 그는 입김으로 작용하는 마우스를 쓴다. 턱과 뺨으로 동작하는 전동 휠체어가 그의 다리 역할을 해주고 있다. MS의 윈도우즈 비스타는 음성인식 프로그램을 공짜로 사용할 수 있게 지원하고 있다. 그러나 안타깝게도 한국어 지원은 되지 않는다.

현재 이상묵 교수는 세종대왕 프로젝트로 장애인을 컴퓨터와 결합시키는 일을 하고 싶다고 밝혔다. 또, 세종대왕 프로젝트를 통해 한글로 음성이 인식되는 프로그램도 만들 계획을 가지고 있다.

자동차 전복으로 전신마비 장애를 가졌지만 그는 웃으며 이렇게 말한다.

"나는 드디어 진정한 학자가 되었다. 연구비가 많다고 비싼 술에 맛있는 저녁을 흥청망청 먹는 것도 아니고 외유성 해외여행을 다닐 수도 없으니 이거야말로 진정한 학자가 아닌가."

그는 자동차 사고를 통해 삶의 의미와 이 시대를 어떻게 살아가야 하는지를 깨달을 수 있었다.

성공자들은 하나같이 숱한 시련과 역경 속에서도 묵묵히 자신의 길을 걸어온 사람들이다. 그들에게 있어 어려움은 그들을 더욱더 강하게 튀어 오르게 하는 스프링보드와 같다. 어쩌면 그들이 지금의 괄목할 만한 성공을 이룰 수 있었던 것은 시련과 역경 때문이었는지도 모른다.

성공하고 싶다면 먼저 회복탄력성 지수를 높여야 한다. 유리공처럼 바닥에 떨어져 산산조각 나선 절대 성공할 수 없다. 바닥에 떨어졌을 때 고무공처럼 힘차게 튀어 오르는 사람이 되어야 한다. 나에게 닥치는 온갖 시련과 역경을 스프링보드로 삼기 바란다.

마지막으로 영국 소설가 조지 버나드 쇼의 말을 기억해보라.

"사람들은 항상 그들의 현 위치가 그들의 환경 때문이라고 탓한다. 나는 환경을 믿지 않는다. 이 세상에서 출세한 사람들은 자리에서 일어나 그들이 원하는 환경을 찾는 사람들이다. 그리고 그들이 원하는 환경을 찾지 못할 경우에는, 그들이 원하는 환경을 만든다."

꾸준한 노력은 불운마저 행운으로 바꾼다

남들보다 앞서 가는 사람에게는 분명 성공 비결이 있다. 그 가운데 한 가지를 꼽는다면 '꾸준한 노력'이다. 대부분의 사람들은 처음에는 열정을 다해 일하지만 시간이 지나면서 열정이 식어버린다. 그러나 앞서 가는 사람은 초심 그대로 열정을 불태운다. 자신의 기대대로 성과가 나타나지 않아도 꾸준한 노력을 기울인다. 이것이 보통사람들과 앞서 가는 사람의 차이다.

지인 중에 자동차 판매왕이 있다. 며칠 전 그와 점심식사를 함께하면서 판매왕이 될 수 있었던 비결에 대해 물어보았다. 그러자 그는 씩 웃더니 이렇게 답하는 것이었다.

"나는 매일 출근하기 전에 나 자신에게 이렇게 말합니다. 오늘 네가 한

대의 차를 팔아야만 집에 돌아와 잠을 잘 수 있다."

그는 입사한 뒤 6개월 동안 성적이 바닥이었다. 그래서 상사와 동료들에게 따가운 눈총을 받아야만 했다. 그러다 그는 어느 날 어떤 일이 있어도 한 대의 차를 팔지 않고선 집에 들어가지 않기로 결심했다.

그는 자신과의 약속을 지키기 위해 늦은 밤까지 명함을 돌리는가 하면 고객을 만나러 다녔다. 그런 꾸준한 노력이 조금씩 결실을 맺기 시작했다. 3개월 후 영업점 내에서 일등을 했는가 하면, 7개월 후에는 전체 일등을 달성하는 쾌거를 이루었다. 그래서 그는 사람들이 자신에게 성공 비결을 물을 때면 꾸준한 노력밖에 없다고 말한다.

'농구 황제' 마이클 조던이 있다. 그는 세계적인 농구 스타였지만 과거는 시련의 연속이었다. 대부분의 NBA 농구 선수들은 고등학교 때부터 농구팀에 소속되어 있었다. 하지만 마이클 조던은 농구팀에 들어갈 기회가 주어지지 않았다. 어느 날 그는 직접 감독을 찾아가 자신이 팀에 속하지 못하는 이유를 물었다. 그러자 감독이 이렇게 말했다.

"키도 작고 기술도 부족하기 때문이라는 것을 누구보다 자네가 더 잘 알 거야."

그러나 그는 쉽게 물러서지 않았다. 다시 한 번 감독에게 자신을 팀에 넣어달라고 호소했다.

"제발 저를 팀의 일원으로 받아주십시오. 받아주신다면 시합에 나가지 않아도, 연습 상대라도 좋습니다. 부탁드립니다."

그가 간곡히 사정하자 감독은 어쩔 수 없이 그를 팀에 넣어주었다. 팀에 속했지만 그는 경기에 나갈 수 없었다. 그 대신 경기를 치를 때마다 수건을 가져다주거나 음료수를 사 오는 등의 일을 도맡아야 했다.

어느 날 아침 8시, 청소부가 농구 코드를 징리하다 잠을 자고 있는 한 흑인 소년을 발견했다. 청소부는 그를 흔들어 깨웠다. 그 흑인 소년은 다름 아닌 마이클 조던이었다. 그는 어제 늦은 밤까지 혼자서 연습을 하다 피곤한 나머지 코트에서 깜빡 잠이 든 것이었다.

그 후 마이클 조던은 미국에서 가장 유명한 대학으로 진학했다. 그곳에는 가장 엄한 감독이 있었다. 하루는 감독이 그에게 휴게실에 가서 비디오테이프를 보고 오라고 지시했다. 그는 이유를 알 수 없었지만 감독이 시키는 대로 묵묵히 따랐다. 한참 비디오테이프를 보고 난 그는 눈물을 흘리며 감독에게 말했다.

"감독님, 이제야 제 단점을 알았습니다. 앞으로 단점을 고쳐 감독님의 기대에 부응하도록 노력하겠습니다."

그는 자신의 부족한 부분을 보완하기 위해 맹연습에 돌입했다. 그러자 그의 기량이 예전과는 비교가 될 수 없을 정도로 달라지기 시작했다. 그때 그는 아무리 실력이 부족해도 지독한 노력을 기울이면 충분히 나아질 수 있다는 것을 몸소 깨달았다.

그가 훗날 세계적인 농구 스타가 될 수 있었던 것은 현실에 안주하지 않고 꾸준히 노력한 덕분이라고 할 수 있다.

그가 얼마나 연습벌레인지 잘 말해주는 일화가 있다.

1993년 피닉스와의 경기가 있던 날, 방송국 촬영팀은 경기 중계를 위해 시합 시간보다 대여섯 시간 일찍 경기장을 찾았다. 촬영팀의 일원이있던 방송인 닉 핀토는 경기장에서 자유투를 던지고 있는 마이클 조던을 발견했다. 그는 주변을 순찰하던 경비원에게 물었다.

"조던이 언제부터 여기에 있었나요?"

경비원은 혀를 차며 이렇게 대답했다.

"말도 마세요. 아침 일찍부터 나와서 자유투 연습만 하고 있어요."

덕 콜린스 전 시카고불스 감독은 이렇게 말한 바 있다.

"오늘날의 마이클 조던을 만든 건 연습이다. 그는 날마다 자신이 최고란 걸 보여주어야 했다. 그것은 마이클의 일부가 되었다. 어떤 선수들은 밤 연습을 빼먹고 어떤 선수들은 낮 연습을 빼먹었지만, 마이클은 연습을 빼먹은 적이 한 번도 없었다. 결코 재능이 문제가 아니다. 그런 연습이야말로 그를 모든 선수들의 위에 올라서게 한 것이다."

언젠가 마이클 조던 역시 이렇게 말했다.

"난 농구생활을 통틀어 9,000개 이상의 슛을 실패했고, 3,000번의 경기에서 패배했다. 그 가운데 스물여섯 번은 다 이긴 게임에서 마지막 슛을 실패해 졌다. 나는 살아가면서 수많은 실패를 거듭했다. 바로 그것이 내가 성공할 수 있었던 이유다."

나는 나름대로 마이클 조던의 성공 비결을 분석할 수 있었다. 그에게는 다음과 같은 다섯 가지 성공 조건이 있었다.

① 그는 성공에는 지름길이 없다는 것을 잘 알고 있었다. 그래서 자신의 꿈을 향해 꾸준한 노력을 기울이며 한 걸음씩 나아갔다. 꿈과 목표를 달성하는 데 이보다 뛰어난 방법은 없다.
② 그는 무명시절부터 기초를 다졌다. 기초를 소홀히 하면 더 큰 성공을

이룰 수 없기 때문이다.

③ 행동이 뒷받침되지 않는 말은 그 어떤 가치도 없다. 그는 항상 언행일치가 되는 자세를 견지했다.

④ 항상 보폭을 작게 했다. 그는 한 걸음 한 걸음이 퍼즐 조각이라고 생각했다. 순간순간들이 모여 멋진 그림이 만들어진다는 것을 알고 있었다. 그래서 그는 그 그림을 완성하기 위해 늘 최선을 다했다.

⑤ 그는 계속 실패하고 또 실패했다. 실패 속에서도 꾸준한 노력을 기울였다. 그것이 그가 성공한 이유다.

한번은 농구 캠프에서 한 참석자가 조던에게 물었다.

"어렸을 때 하루에 몇 시간씩 연습했나요?"

그러자 조던은 이렇게 답했다.

"시간 같은 건 신경 쓰지 않았어요. 시계를 본 적도 없어요. 지칠 때까지, 아니면 어머니가 저녁을 먹으라고 부를 때까지 연습했거든요."

농구에 대한 열정이 그를 농구 스타로 만든 비결이었다.

노력은 절대 배신하지 않는다. 세상의 그 어떤 성공도 노력 없이 이루어진 것은 없다. 처음 시작은 미약했지만 나중은 심히 창대해진 성공자들을 보라. 하나같이 그들의 시작은 초라하고 불행했다. 그러나 그들은 꾸준한 노력으로 온갖 어려움들을 극복해냈고 마침내 성공이라는 정상에 설 수 있었다.

성공자들은 어떤 시련과 역경 속에서도 꾸준히 노력했던 사람들이다. 반면에 패배자들은 처음에 꾸준히 노력하다 중도에 노력을 거두어들인 사람들이다. 계속 노력했느냐, 중도에 포기했느냐가 성공과 실패를 구분 시었던 섯이다.

저마다 자신이 바라는 것을 이루기 위해 꾸준한 노력을 기울이고 있다. 꿈이건 목표건 간에 꾸준함 없이는 이루기가 불가능하기 때문이다. 그동안 당신은 끝까지 해보지도 않고 뜻대로 안 된다며 쉽게 포기하지 않았는가? 나는 할 수 없다며 노력 자체를 포기한 적은 없었는가? 만일 그렇다면 당신이 틀렸다. 성공은 바라는 것을 향해 꾸준히 노력하는 사람의 것이기 때문이다. 그들에게는 불운을 행운으로 바꾸는 힘이 있다.

마지막으로 꿈과 세상의 주인공은 꾸준히 노력하는 사람이라는 것을 기억하라.

성공에대한 세가지진실

그동안 성공한 사람들과 평범한 인생을 사는 사람들을 두루 만나오면서 한 가지 사실을 깨달을 수 있었다. 성공한 사람들은 자신이 성공할 수 있었던 이유에 대해 알고 있는가 하면, 그렇지 못한 사람들은 자신이 성공하지 못한 이유를 모른다는 것이다. 나는 세 사람의 성공자들에게 자신이 성공할 수 있었던 이유를 물어보았다. 그러자 다음과 같이 답했다.

"하고 싶은 일을 했기에 성공할 수 있었던 것 같습니다."

–반도체 부품을 생산하는 공장의 H 사장(천안)

"어려움이 따랐지만 계속 밀고 나갔기에 지금의 위치에 설 수 있었습니다."

-대형 한식집을 운영 중인 S 사장(부산)

"많은 사람들은 새로운 일에 도전하기를 주저합니다. 하지만 저는 오히려 새로운 일에 적극적으로 뛰어들었습니다. 물론 많은 실패도 경험해야 했지요. 그때 경험한 실패들이 저를 지금과 같은 성공으로 이끌었습니다."

-〈드림자기계발연구소〉 미래전략팀 대표 김성민(서울)

그렇다. 성공한 사람들은 자신이 성공한 이유를 알고 있었다. 그런데 재미있는 것은 많은 평범한 사람들은 성공자들이 자신의 노력으로 성공했다기보다 '운이 좋았거나', '다른 누군가의 도움'으로 성공했다고 여긴다는 사실이다. 나는 이런 마인드의 차이가 성공한 인생과 평범한 인생으로 가르는 것은 아닐까, 하는 생각이 들었다. 그동안 내가 만났던 성공자들은 거의가 자수성가한 사람들이었다. 시작할 때는 아무것도 가진 것이 없었다. 맨몸이었던 것이다. 그럼에도 자신이 바라는 것을 향해 집요한 노력을 기울이며 성공을 일구어냈다.

나는 지면을 통해 보통사람들이 생각하는 성공에 대한 세 가지 진실을 밝혀두고자 한다. 다음 세 가지만 있으면 누구나 성공할 수 있다.

첫째, 확고한 꿈(하고 싶은 일)

성공자들은 모두 간절한 꿈을 가슴에 품고 있었다. 꿈 덕분에 그들은 그 어떤 시련과 역경도 극복할 수 있었다.

세계적인 건축자재 유통회사인 '홈데포(Home Depot)'를 창업한 버니 마커스. 그는 20년 동안 치열하게 일한 덕분에 마흔아홉 살의 나이에 남들이 부러워하는 이사직에 승진했다. 그는 하루하루가 행복했다. 무엇보다 그는 앞으로 11년만 더 열심히 일하면 퇴직금을 받아 편안한 노후를 보낼 수 있다는 희망에 부풀어 있었다.

그런데 그의 행복은 길지 않았다. 어느 날 출근한 그는 회사로부터 해고되었다는 통보를 받았기 때문이다.

"버니 마커스 씨, 당신은 오늘부로 해고되었습니다."
"무슨 말입니까? 제가 해고되다니요!"

마커스는 도무지 믿어지지 않았다.

"아니, 제가 무슨 잘못이라도 했다는 말입니까?"
"그렇지 않습니다. 현재 회사의 경영 상태가 좋지 않아서 감원을 결정한 것뿐입니다."

그렇게 그는 하루아침에 잘나가는 기업 이사에서 실업자 신세로 전락하고 말았다.

그는 가족이 있었기 때문에 계속 실의에 빠져 있을 수만은 없었다. 그는 여러 곳에 입사 지원서를 내는 등 일자리를 구하기 위해 동분서주했다. 하지만 그를 불러주는 곳은 단 한 군데도 없었다.

어느 날 그는 정처 없이 거리를 거닐다 우연히 옛 친구를 만나게 되었다. 그 친구 역시 이사직에 있다가 해고 통지서를 받고서 실업자 신세가 된 상태였다. 두 사람은 서로에게 용기를 주며 시련을 극복할 방법을 생각하기 시작했다.

불쑥 버니 마커스가 말했다.

"애써 회사에 들어가기보다 우리가 원하는 일을 하면 어떨까?"

"지금 이 나이에 가능할까?"

친구는 주저하는 목소리였다. 그러나 그는 오히려 반대였다.

"우린 더 이상 회사에 소속되어 있지 않으니 오히려 홀가분하다는 생각이 들어. 이참에 우리가 그동안 머릿속으로만 상상했던 회사를 차리는 거야."

그렇게 해서 두 사람은 가정용 건축자재 유통회사를 설립하기로 결심했다. 1978년 두 친구는 세계에서 가장 저렴하고 우수한 서비스를 기업 이념으로 회사를 창업했다. 이렇게 해서 탄생한 기업이 바로 세계적인 건축자재 유통회사인 홈데포다. 두 전직 이사가 주축이 되어 출발한 이 회사는 현재 775개의 매장과 16만 명의 직원을 거느리고 있으며, 연간 매출액이 300억 달러에 달하는 세계적인 기업으로 성장했다.

둘째, 꾸준한 노력

성공자들은 한두 번 해보고 안 된다고 해서 쉽게 포기하지 않았다. 오히려 그들은 성공은 절대 쉽게 이루어지지 않는다는 것을 잘 알고 있었다. 그래서 끝까지 될 때까지 꾸준한 노력을 기울였다.

미국의 스탠더드 석유회사의 직원인 애치볼드는 '한 통에 4달러'라는 별명으로 불렸다. 이것은 그가 출장지의 호텔 숙박부에 자신의 이름을 적으면서 옆에 작은 글씨로 '한 통에 4달러, 스탠더스 석유회사'라는 문구를 빠뜨리지 않고 기록한 사실이 동료들에게 알려지면서 붙여진 별명이다. 동료들은 그에게 "바보 같은 짓, 그만하라."며 놀려댔다. 그러나 그는 언젠가는 이런 노력이 회사의 발전에 큰 도움이 될 수 있을 것이라는 믿음을 가지고 있었다.

어느 날, 그는 캘리포니아의 한 작은 도시로 출장을 가게 되었다. 늦은 밤이 되어서야 한 호텔을 찾았다. 그는 숙박부를 쓰고 방으로 돌아와 침대에 누웠다. 몸은 몹시 고단했지만 순간 숙박부에 이름만 쓰고 온 것을 깨달았다. 그는 다시 옷을 챙겨 입고 내려가 숙박부에다 '한 통에 4달러, 스탠더드 석유회사'라는 문구를 꼼꼼하게 적었다.

그때 한 신사가 그 모습을 유심히 바라보며 물었다.

"왜 그런 문구를 적습니까? 그런다고 아무도 알아주는 사람이 없을 텐데."

그러자 그가 대답했다.

"혹시 이 호텔을 찾은 손님 중에 갑자기 석유가 필요한 분이 있을 때, 제 숙박부를 본 종업원들이 우리 회사의 석유를 권할 확률이 높기 때문입니다."

한 달이 지난 어느 날, 애치볼드는 영문도 모른 채 존 록펠러의 특별 초청을 받았다. 그리고 그는 캘리포니아의 호텔에서 만났던 그 신사가 바로 록펠러라는 사실을 알게 되었다. 록펠러는 애치볼드에게 "당신처럼 자신의 일에 최선을 다하는 직원과 함께 일해보고 싶다."

고 제안했다.

그 후 애치볼드는 록펠러의 뒤를 이어 석유왕이 되었다.

셋째, 강한 도전정신

성공자들은 도전하는 것에 주저하지 않았다. 설사 지금 하는 도전에 어떤 리스크가 따른다고 해도 새로운 일에 뛰어들었다. 물론 숱한 실패를 겪었지만 그 실패 속에서 답을 하나하나 찾아갈 수 있었고, 마침내 성공을 일구어냈다.

저서 《오체 불만족》의 주인공인 오토다케 히로타다. 그는 팔다리가 없는 장애인으로 태어났다. 그러나 그는 주위 사람들의 각별한 애정과 자신의 강한 의지로 일본의 명문 와세다 대학 정치학과를 졸업할 수 있었다.

그는 장애에도 불구하고 한곳에 머물러 있기를 거부하고 항상 새로운 곳을 향한 도전을 멈추지 않았다. 육체적 한계를 뛰어넘는 그의 도전의식은 많은 사람들에게 감동과 희망을 안겨주었다.

오토다케의 자서전 《오체 불만족》은 일본에서 발간되어 지금까지 500여만 부가 팔려나갔다. 이듬해 우리나라에서도 출간되어 수많은 독자들의 가슴을 감동으로 물들이기도 했다

현재 그는 일본 도쿄 스기나미 구 스기나미 제4초등학교에서 전

학년을 대상으로 도덕과 특별활동을 가르치고 있다. 그는 절대 자신이 가진 장애를 장애로 생각하지 않는다. 그랬기에 오토다케는 초등학교 때 여느 아이들과 함께 야구와 축구를 했고 중학교 때는 농구를 했다. 짧은 팔과 다리를 이용하는 바닥 드리블은 그의 자랑거리였다. 또, 그는 아침인사운동과 휴지와 빈 병 줍기 등의 재활용에 앞장선 모범생이기도 했다.

사람은 누구나 자신의 분야에서 최고가 될 수 있다. 따라서 더 이상 성공자들의 성과에 흠집을 내거나 부러워하며 시샘해선 안 된다. 지금은 수많은 사람들의 찬사를 받고 있는 버니 마커스, 애치볼드, 오토다케 히로타다도 고통스러운 시절이 있었다는 것을 기억해야 한다. 그럼에도 그들이 성공할 수 있었던 것은 확고한 꿈을 가지고, 꾸준한 노력과 강한 도전정신으로 독하게 살았기 때문이다.

부러우면 지는 거다. 당신도 독하게 살고, 독하게 성공하기 바란다.

"실험을 많이 하면 할수록 좋은 결과를 기대할 수 있다.
삶이란 모두 실험이 아닌가. 당신이 할 수 있는 가장 위험한 일을
시도하라. 당신 스스로 행동하라. 안 될 것이라고 의심해선 안 된다.
주저하지 말고 한번 시험해보라."

−시오도어 루빈−

Part **3**

기적은 기적처럼
오지 않는다

넘어지고 싶어 하지 않는 너에게

인류 문명은 도전에 대한 응전으로 발전되어 왔다. 마찬가지로 한 개인의 인생 역시 도전과 응전 없이는 절대 지금보다 더 나아지거나 성공할 수 없다. 도전이라는 자극이 있을 때 앞을 향해 한 발짝씩 내딛게 되기 때문이다.

과거보다 발전한 오늘을 사는 사람들은 하나같이 도전에 대해 응전으로 답했던 사람들이다. 그들은 도전을 시련과 역경으로 생각하지 않았다. 오히려 더 나은 미래로 가는 징검다리로 여겼다. 그래서 그들의 인생 역정을 엿보면 수많은 도전과 응전의 흔적이 있음을 알 수 있다.

장애를 딛고 희망 전도사가 된 닉 부이치치. 그는 선천적으로 팔다리가 없이 태어났지만 자신의 한계를 딛고 전 세계에 희망을 전도

하는 '행복 전도사'로 제2의 인생을 살고 있다. 그러나 그도 한때 자살까지 생각할 정도로 절망에 처했던 적이 있었다. 그런 시련 속에서 그는 부모님의 끊임없는 격려로 장애를 극복하고 대학에서 회계와 재무학을 전공할 수 있었다. 또, 끊임없는 도전과 노력으로 현재 수영과 축구, 서핑 등 거친 스포츠도 마음껏 즐길 수 있게 되었다.

그는 좌절하고 절망에 빠진 사람들에게 이렇게 말한다.

"'꼭 무언가를 하기를 바라는 것은 아니지만 시도해보라'는 부모님의 말에 용기를 얻어 현재의 능력을 발견할 수 있었다. 무엇이든 한 걸음 한 걸음 시도하다 보면 결국 성공에 이를 수 있다."

현재 닉 부이치치는 미국에서 사회복지단체를 설립하는 등 전 세계를 돌며 활발한 사회봉사활동을 벌이며 가슴 뛰는 인생을 살고 있다.

나이가 젊을수록 실패하는 데 대해 두려움을 가진다. 그래서 공무원과 같은 안정적인 직업을 택하고자 한다. 공무원이 되면 안정된 생활을 영위할 수 있기 때문이다. 그러나 그들은 하나만 알 뿐 다른 것들은 간과하고 있다. 안정된 생활을 보장받는 대가로 잃게 되는 것들이 안정된 생활보다 더 가치가 있다는 것을.

아시아가 낳은 최고의 사업가 손정의가 있다. 1957년 일본 사가 현에서 태어난 그는 1981년 소프트웨어 도매회사인 '일본 소프트뱅크'라는 회사를 설립하고 불과 10여 년 만에 세계 굴지의 회사로 급성장시킨 신화를 이룬 인물이다.

손정의는 좌절과 절망으로 가득 찼던 젊은 시절을 '자기암시(로젠탈 효과, 피그말리온 효과)'로 이겨냈다. 최근 소프트뱅크 손정의 회장은 서른 돌을 맞은 주주총회에서 향후 30년의 비전을 밝히며 자신의 힘들었던 유년 시절과 가족 이야기, 자신의 경영 철학을 담담하게 이야기해 화제가 된 바 있다.

"번지가 없는 불법 판잣집에서 태어났다. 호적에 '무번지'라고 쓰여 있을 정도로 힘겹고 궁핍한 어린 시절을 보냈다. 청소년 시절 미국으로 유학을 가기 전 할머니와 함께 방문한 선조의 나라 한국에서 할머니가 챙겨 간 일본 헌 옷을 받아 든 어린이들이 너무 기뻐하던 모습이 기억난다. 이런 순수한 행복을 가능하게 하는 '사람의 도움'을 위해 공헌하겠다."

어린 시절 손정의는 열네 살의 나이에 낯선 일본 땅에 와 고생한 할머니를 보며 자주 눈물을 흘렸다. 그는 당시를 이렇게 회고한다.

"어린 시절 지독히 가난했지만 할머니의 애정을 받으며 사업가로서의 꿈을 키웠습니다. 가족을 가난에서 벗어나게 하고 꿈을 이루기 위해 미국으로 건너갔습니다."

고교 1학년 때 손정의는 4주간의 영어 연수를 위해 캘리포니아대 버클리캠퍼스에 가게 되었다. 영어 연수는 그의 삶을 송두리째 흔들어놓았다. 미국은 일본처럼 폐쇄적이지 않고 외부 사람에게도 개방적이었다. 나이 든 사람들도 젊은 사람의 의견에 귀를 기울여주었는데 손정의는 이런 모습에 감명을 받았다.

무엇보다 버클리의 도서관은 문을 닫을 때까지 시간 가는 줄 모르고 공부하는 학생들로 가득했다. 손정의는 미국의 인재들과 승부를 겨루어보고 싶었다. 고민 끝에 그는 결국 다니던 고등학교를 중퇴하고 미국 유학을 떠나기로 마음먹었다.

"고등학교를 마치고 도쿄대에 들어가 정치가가 되라는 게 아버지의 기대였지만 재일 한국인으로는 어렵습니다. 재일 한국인이 일본에서 일등이 될 수 있는 분야는 사업의 세계뿐이죠. 일본보다 앞선 미국에서 열심히 배워 미국 정상급의 실력을 기르고 싶었습니다."

미국으로 유학을 떠나려고 할 때 갑자기 아버지가 쓰러졌다. 아버지가 쓰러진 상황에서 가족들은 "아버지가 위독한 상황에서 너만 살 작정이냐?"면서 손정의를 나무랐다.

어머니는 눈물로 손정의를 붙잡았다.

"병 때문에 고생하시는 아버지를 두고 어째서 네 생각만 하는 거니. 가족이 이토록 고생하고 있는데 너만 혼자 미국으로 떠난다는 게 말이 되느냐?"

그러나 이때 병석에 누운 아버지가 그에게 용기를 주었다. 아버지는 가족들이 하나같이 미국 유학을 만류하는 와중에 유일하게 그의 미국 유학을 허락했다.

나는 손정의가 위대한 성공을 이룰 수 있었던 이유 중 하나로 도전 정신을 꼽는다. 그는 자신이 이루고 싶은 것이 있으면 절대 머뭇거리지 않는다. 당장 행동으로 옮긴다. 실패하더라도 그 실패를 통해 성공하는 방법을 찾아낸다. 손정의는 미국 유학 생활 중에 컴퓨터와 관련된 사업을 시작하겠다는 청사진을 가지고 있었다. 하지만 그에게는 그만한 사업자금이 없었다. 이때 그가 선택한 방법은 바로 자신의 두뇌를 개발하기로 결심한 것이다.

"그래 하루에 한 가지씩 아이디어를 개발해내는 거야!"

그렇게 그는 하루에 5분씩 아이디어를 생각하는 데 시간을 투자하기로 마음먹었다. 반드시 그 시간 안에 한 가지씩 아이디어를 창출해내려고 부단한 노력을 기울였다. 당시 손정의가 '아이디어 뱅크' 라고 불렀던 발명 노트에는 무려 250개 이상의 발명품이 영어로 상세하게 기록되어 있다.

만일 손정의가 실패하고 넘어지는 것을 두려워했다고 가정해보자. 그랬다면 분명 그는 아버지가 쓰러진 상황에서 미국으로 유학을 떠나지 못했을 것이다. '아버지가 위독한 상황에서 유학까지 가서 실패하면 어쩌지?' 이런 두려움이 그의 발목을 잡았을 테니까. 하지만 그는 아직 일어나지 않은 미래의 실패에 대해 미리 걱정하지 않았다. 오로지 지금 자신이 할 수 있는 일에 집중했다. 그것은 미국으로 유학을 떠나 사업가로서의 초석을 다지는 것이었다. 결국 그는 힘든 상황에 굴복하지 않고 자신의 꿈을 향해 떠났다. 그리고 꿈을 성취하기 위해 꾸준히 노력한 결과 아시아 최고의 사업가가 될 수 있었다.

오페라 가수 폴 포츠. 그는 과거 영국 남부 웨일스에서 휴대전화를 파는 평범한 남자였다. 어린 시절 그는 '외모'로 인해 왕따를 당했기 때문에 마음고생이 심했다. 못생긴 외모 외에도 어눌한 말투와 악성 종양, 교통사고 후유증, 카드 빚 등 여러 악조건을 안고 있었다. 그런 상황에서도 오페라 가수라는 꿈을 결코 포기하지 않았다. 그의 마음 속에는 언제나 음악을 향한 열정이 숨 쉬고 있었다. 어느 날 그는 용기를 내어 '브리튼스 갓 탤런트'의 문을 두드렸다. 예선전을 치르던 날 그는 무대 뒤에서 초조하게 순서를 기다리고 있었다. 남루한 정장에 불룩하게 튀어나온 배, 부러진 앞니, 자신감 없어 보이는 표정은 보는 사람마저 김새게 만들 정도로 형편없었다. 그런 그가 무대에 올라서자 3명의 심사위원들은 하나같이 심드렁한 표정을 지을 뿐이었다.

그러나 자신감 없는 표정과 어눌한 말투, 잔뜩 긴장해 뻣뻣하게 경직되어 있던 그에게서 전혀 상상치 못했던 목소리가 흘러나왔다. 울림이 깊은 감성적인 목소리가 무대를 가득 채우기 시작했다. 심드렁하게 앉아 있던 심사위원들이 자세를 고쳐 앉았고, 관객석이 술렁거리기 시작했다. 그는 서서히 무대를 장악해나갔다. 중반에서 고음으로 올라갈수록 객석에서는 놀라움에 박수와 탄성이 쏟아졌다. 심사위원 아만다 역시 감격스럽다는 표정을 지었고, 사이먼은 믿을 수 없다는 표정으로 그를 바라보았다. 급기야 곡의 마지막 하이라이트 부분에서 폴이 안정적인 바이브레이션 창법으로 고음을 내뿜자, 관객들은 일제히 기립박수를 치며 열광했다. 일부 관객의 눈에는 감동의 눈물이 맺혔다.

포츠는 이어진 준결승에서 '타임 투 세이 굿바이'(Time To Say Goodbye)를 불러 가볍게 결승전에 진출했다. 그 후 결승에서는 다시 '공주는 잠 못 이루고'를 불렀다. 마침내 그는 결국 브리튼스 갓 탤런트의 우승자가 되었고, 10만 파운드(한화 약 1억 8,000만 원)의 상금을 수여받았다. 뿐만 아니라 영국 여왕 엘리자베스 2세를 위한 '2007 로열 버라이어티 퍼포먼스' 출연 기회도 얻었다.

폴 포츠의 성공은 기적이 아니다. 그는 열여섯 살 때 한 오페라 가수의 CD를 듣고 큰 감동을 받았다. 또, 그는 힘들게 모은 돈과 대출받은 돈으로 이탈리아로 오페라 유학을 떠나기도 했다. 그때 그는 노력 끝에 자신의 우상인 루치아노 파바로티 앞에서 직접 노래를 부를 수 있는 기회를 얻게 되었다. 그때의 경험으로 자신감을 얻은 폴 포츠는 오페라 가수가 되기 위해 10년이 넘는 세월 동안 매일같이 노래를 연습했고 지금에 이르렀다. 지금 폴 포츠가 누리고 있는 인생의 성공은 지독한 노력과 도전정신이 빚어낸 보석이다.

미국의 재즈 가수 마일즈 데이비스는 "안전한 길만 택하는 사람에게는 결코 발전이란 없다."라고 말했다. 자메이카의 육상 단거리 선수 우사인 볼트도 비슷한 말을 했다.

"싸울 일이 없으면 죽은 것이다. 삶은 싸움이다. 즐기는 사람을 당할 수 없다."

미래는 도전하는 사람의 것이다. 절대 도전 없이는 어떤 것도 얻지 못한다. 세상은 실패하고 넘어지더라도 다시 도전하는 사람의 편이다.

마지막으로 닉 부이치치의 말을 기억해보라.

"삶의 벼랑 끝에 내몰려도 절대로 포기하지 마라."

기적은 기적처럼 오지않는다

20대 중반의 힘든 시절에 나는 종종 '내 인생에 기적이란 것이 있을까?' 라는 의문이 들었다. 당시 호주 시드니 호스텔에서 생활할 때였다. 다양한 경험을 하고 멋지게 돌아오겠다고 다짐하곤 무작정 한국을 떠난 뒤 1년가량이 지난 시점이었다. 내가 일했던 호스텔은 시드니의 중심 오페라 하우스와 하버 브리지가 내다보이는 곳에 있었는데 그것들을 내려다볼 때면 우울해지곤 했다. 나는 멋지고 화려한 도시 내에 있었지만, 현실은 말 한마디 통하지 않는 곳에서 외로움에 절어 있었다.

그러나 속 모르는 한국 친구들은 아주 멋진 곳에서 외국인 친구들과 지내고 멋진 여행을 해서 좋겠다고 말하곤 했다. 그럼에도 나는 1년간 더 그 호스텔에 붙어 있었다. 이루어놓은 게 없었기 때문이다.

그렇다고 한국에 전화해서 지금의 형편을 이야기할 용기도 없었다. 지인들의 반대에도 큰소리를 치며 당당히 이루어내서 돌아오겠다며 그들을 매정하게 뿌리치고 왔기 때문이다.

나는 처음 6개월가량 베이비시터로서 일하고 그 가정집을 나와버렸다. 그리고 다른 일을 알아보다 호스텔에 머물면서 일하는 길을 택했다. 당시 언어도 되지 않는 내가 추가로 얻은 일은 라벨링 작업이었다. 새벽 5시에 잘 뜨이지 않는 눈을 비비며 대충 세수를 하고 6시까지 창고로 나갔다. 창고는 여행 자금을 마련하기 위해 일거리를 찾아 나온 여행객들로 북적거렸다.

그 당시 주로 했던 일이 와인, 맥주, 샴페인 등의 병에다 고객이 주문한 스티커를 부착해 다시 상자에 담는 일이었다. 여덟 시간 이상을 서서 일해야 했다. 현장에서는 다양한 일을 지시하는 직원들의 이해할 수 없는 영어가 나를 더욱더 힘들게 했다. 그때 나는 어떤 표현도 제대로 하지 못해 자존심을 구겨가며 일하면서도 내심 '반드시 해내서 돌아갈 테다' 하고 이를 악물었다. 그렇게 버텨냈다.

내 인생에서 가장 우울하고 외롭던 그 시절, 내가 실천했던 것은 아래의 세 가지였다.

① 꿈과 목표를 종이에 적어서 눈에 잘 띄는 곳에 붙여 두기
② 꿈을 이룬 모습을 생생하게 상상하기

③ 매일 자기계발서 읽기

이 세 가지가 가장 힘들었던 시기를 버티게 해준 힘이었다. 반드시 20대의 롤모델로서 동기부여가 되겠다는 꿈을 설정하고 그 꿈을 실현하기 위해 매일 성장하겠다는 목표를 정했다. 그리고 내가 바라는 꿈과 목표를 종이에 적어서 호스텔 8인실 벽에다 붙여 두었다. 매일 그 종이를 바라보면서 스스로 되뇌고 외쳤다. 어떤 날은 영어라면 진절머리가 나서 한국어로 크게 외치고, 혼자 미소 짓기도 했다. 혼자만 즐길 수 있는 유일한 재미였다.

이 말을 듣고 독자들 가운데 나를 '화성인' 또는 '또라이'로 생각하는 사람도 있으리라 생각한다. 그러나 어쩌겠는가? 미치지 않고서는 견딜 수 없는데. 괴짜 스티브 잡스도 또라이다. 처음 그가 '세상을 깜짝 놀라게 해주겠다'고 선언했을 때 많은 사람들이 그를 또라이라고 생각했다. 그런데 지금은 어떤가? 그는 아이폰, 아이패드, 맥북으로 정말 세상을 깜짝 놀라게 했다. 지금 우리는 또라이들이 만든 물건에 열광하지 않는가.

어쨌거나 나는 호스텔 일과 라벨링 작업을 하면서 영어를 본격적으로 배우기 시작했다. 그리고 여러 친구들의 도움과 나의 간절한 노력으로 꿈에 그리던 호스텔 현지 매니저가 되고 창고 라벨링에 대한 의견까지 낼 정도로 영어 수준을 향상시킬 수 있었다. 나를 타지에서의 외로움에서 벗어나게 해준 귀인이 있다. 당시 존은 사계절 중 여름이 되면 성수기를 맞는, 내가 묵고 있는 호스텔로 와서 일하는 고정 직원이었다. 1년 중 6개월은 남아메리카, 아시아 등지에서 여행을 즐기고, 자금 마련을 위해 6개월은 여기에 머문다고 했다. 그렇게 지낸 지 만 10년이 되었다고 했다. 영어가 모국어인 영국인이지만 그는 청소하는 일을 무척이나 좋아했고, 그 일에서도 완벽함을 뽐내 나를 감탄케 했다. 외국인 노동자라는 나의 자격지심에 제대로 일격을 가한 것이다. 그도 하는데, 영어도 못하는 내가 청소 일을 하찮게 여기고 있었기 때문이다. 그렇게 나와 그는 세상에 둘도 없는 친구가 되었다. 그 이후로 나는 새벽 5시에 일어나는 일이 세상에서 가상 즐거운 일이 되었다. 존을 만나 함께 라벨링 작업을 하고, 점심 도시락을 먹고, 버스를 타고 와서 청소를 하는 일이 가장 의미 있는 일이 되어버린 것이다. 물론 그와 함께하니 나의 영어 실력은 일취월장했고 그는 늘 최고의 영어 실력을 원하는 나를 위해 최고의 선생님으로 있어주었다. 이 자리를 빌려 존에게 감사한 마음을 전한다.

《하버드를 감동시킨 박주현의 공부 반란》의 저자 박주현은 공부 하나로 인생을 역전시켰다. 그녀는 공부에 모든 것을 걸게 된 이유를 이렇게 말했다.

"지독한 가정환경을 벗어나기 위해 열심히 공부했어요."

그녀는 공부 하나만 잘하면 분명 어려운 가정환경을 벗어날 수 있을 것이라고 믿었다. 그래서 그녀는 다른 친구들에 비해 한 박자 느렸지만 즐기면서 공부할 수 있었다. 그녀에게는 평생 듣지도 말하지도 못하는 장애인 동생이 있다. 그녀는 동생을 보살피다 자연스레 장애인 복지에도 관심을 가지게 되었다.

"하버드대에서 국제정치학을 전공한 뒤 유엔 고등판무관이 되어 어려운 사람들을 돕고 싶어요."

이런 간절한 꿈을 가진 그녀는 현재 자신의 꿈을 하나씩 이루어가고 있다. 나는 기적은 기적처럼 오지 않는다는 것을 누구보다 잘 알고 있다. 세상의 그 어떤 성공도 하루아침에 이루어진 것은 없다. 언뜻 보면 운이 좋아 쉽게 실현된 것 같은데 그 일면을 들여다보면 그 사람의 눈물과 노력, 도전의 흔적들이 묻어 있다. 내 인생을 돌아보아도 꿈을 향해 도전하고, 노력하고, 인내할 때 조금씩 성공의 문이 열리기 시작했다는 것을 알 수 있다.

뉴욕 브루클린의 빈민가에서 태어나 최초의 흑인 뉴욕 주지사가 된 로저 롤스에 관한 이야기다.

로저 롤스는 어려서부터 아이들과 싸우는가 하면 학교를 자주 무단결석했다. 그런데 학교의 대부분 학생들 역시 그와 같은 문제 학생들이었다. 그래서 선생님들은 행실이 불량한 학생들을 어떻게 가르쳐야 할지 고민했다.

얼마 후 폴이라는 새로운 선생님이 부임해 왔다. 폴은 부임해 오기 전에 미리 들어 학생들의 악명에 대해 잘 알고 있었다. 하지만 폴은 아이들을 지레 포기하지 않고 최선을 다해 바른길로 이끌어야겠다고 결심했다.

폴은 아이들의 나쁜 행동을 고치기 위해 충고와 설득으로 지도했다. 하지만 아이들은 선생님의 충고를 한 귀로 흘려버리고는 여전히 싸움을 일삼는가 하면 거친 욕설을 입에 달고 살았다.

'아이들의 나쁜 행동을 고칠 수 있는 방법이 없을까?'

폴은 아이들의 나쁜 행동을 고치기 위해 몇 날 며칠을 고민했다. 그러다 그는 빈민가 사람들이 예언에 집착한다는 사실을 알게 되었다. 그래서 그는 예언을 활용해 아이들을 지도해보기로 마음먹었다.

폴은 수업 시작을 알리는 종이 울려도 수업을 하지 않았다. 그러자 아이들이 의아한 표정으로 그의 얼굴을 살폈다. 폴이 말했다.

"오늘은 선생님도 수업하기 싫구나. 오늘 수업은 쉬기로 하자."

"야호! 신난다!"

선생님의 말씀에 아이들은 앞다투어 환호했다.
폴은 낮은 어조로 아이들에게 이야기하기 시작했다.

"선생님이 어려서 학교에 다닐 때 이야기야. 학교에서 그다지 멀지 않은
곳에 원시 부족들이 사는 마을이 있었단다. 그 마을에는 주술사가 살고
있었어. 사람들은 무슨 어려운 일이 생기면 주술사를 찾아가 점을 치곤
했지. 그 주술사는 손금을 아주 잘 보았는데, 나도 그에게 손금을 본 적이
있단다. 그는 나에게 커서 선생님이 될 거라고 예언했지. 그런데 신기하
게도 지금 나는 이렇게 선생님이 되었어. 그래서 나도 손금을 보면 그 사
람의 미래를 알아맞힐 수 있단다. 오늘은 선생님이 특별히 너희들의 손
금을 봐줄게."

손금을 보아준다는 말에 아이들은 들뜬 표정으로 자신의 차례를
기다렸다.
폴은 아이들에게 두 손을 앞으로 내밀고 앉으라고 한 다음, 한 명
씩 손금을 보아주기 시작했다.

"넌 이다음에 사업가가 되겠구나."

"넌 훗날 나처럼 선생님이 되겠어. 축하해!"

이제 마지막으로 로저 롤스 차례였다. 그는 풀이 죽은 표정이었다. 혹시라도 불길한 예언을 하시진 않을까, 하는 불안감이 엄습했기 때문이다.

폴은 풀이 죽은 로저 롤스의 얼굴을 보았다. 그는 흑인 아이가 지금 어떤 심정일지 누구보다 잘 알고 있었다.

폴은 일부러 눈을 크게 뜬 채 과장된 어투로 말했다.

"넌 정말 굉장한 인물이 되겠구나."

"네?"

"넌 커서 뉴욕의 주지사가 될 운명이란다."

"제, 제가요?"

로저 롤스는 도저히 선생님의 말씀이 믿어지지 않았다. 하지만 그동안 한 번도 손금이 틀린 적이 없다는 선생님의 말씀에 믿지 않을 수 없었다.

그 후로 로저 롤스는 자신은 미래의 뉴욕 주지사라고 믿었다. 그러자 자연스레 싸움도 하지 않게 되고 욕설도 입에 담지 않았다. 더 이상 학교를 무단결석하는 일도 없었다. 주지사가 되기 위해선 지금부터 행실을 바르게 해야 한다고 생각했기 때문이다.

세월이 흘러 로저 롤스는 폴의 예언대로 정말 쉰한 살에 뉴욕 주의 53대 주지사이자 미국 역사상 최초의 흑인 주지사가 되었다.

행실이 불량할 뿐 아니라 아무런 꿈이 없었던 로저 롤스가 어떻게 그와 같은 성공적인 인생을 살 수 있었을까? 그 이유는 바로 꿈에 있다. 폴은 그의 가슴에 뉴욕 주지사라는 꿈을 심어주었고 그 꿈이 다시 로저 롤스의 행동을 변화하게 한 것이다. 그 결과 문제아였던 로저 롤스는 성공하는 인생을 개척할 수 있었다.

절대 포기해선 안 된다. 인생에 어떤 일이 생길지는 아무도 모르기 때문이다. 한 번 실패했다고 하더라도 반드시 다른 기회가 온다는 것을 명심하자.

청춘, 현재의 기쁨을 내일로 미뤄라

"젊을 때 놀지, 나이 들어서 어떻게 놀아요."

"청춘은 즐기라고 있는 것 아닌가요?"

20대들에게서 쉽게 듣는 말이다. 청춘은 후다닥 지나가니 지금 놀 수 있을 때 마음껏 즐겨야 한다고 생각하는 이들이 많다. 그런데 재미있는 것은 이렇게 말하는 이들 대부분이 이렇다 할 꿈과 목표가 없다는 것이다. 이루고 싶은 꿈과 목표가 없으니 노는 데 정신이 팔릴 수밖에.

젊을 때는 세월이 쏜살같이 흘러간다는 것을 느끼지 못한다. 언제까지나 20대에 머물러 있을 것 같은 착각 속에서 산다. 그러나 차츰 나이가 들어가면서 어느 순간 '이제까지 나는 무엇을 했던가?' 하는 회한에 잠기게 된다. 그래서 부모님이나 주위 어른들이 "젊을 때 부지런히 살아야 한다."고 충고하는 것이다.

분야를 막론하고 성공한 사람들은 하나같이 젊은 시절 지독하게 노력한 사람들이다. 그들은 풋풋한 청춘시절에 독한 마음으로 고생했기 때문에 현재 풍요를 만끽하며 살 수 있는 것이다. 지인 가운데 부산에서 대형 음식점을 세 곳이나 운영하고 있는 S 사장님이 있다. 그분은 10대 때 부모님이 교통사고로 돌아가시는 바람에 친척 집에서 생활해야 했다. 그때 눈칫밥을 먹으며 훗날 꼭 성공해서 자신의 이름으로 된 집에서 살겠다고 다짐했다고 한다. 그의 육성을 통해 들어보자.

"부모님이 교통사고로 돌아가시는 바람에 졸지에 고아가 되었지요. 친척 집에서 생활하며 학교를 다녔는데 부모님이 안 계신다는 것이 그토록 서러운지 그때 알았습니다. 그때 저는 독한 마음으로 반드시 성공하겠다고 결심했습니다. 지금은 어느 정도 성공한 부류에 들지만 젊은 시절에는 정말이지 눈물이 날 정도로 힘들었습니다. 20대, 30대를 돌아보면 안 입고, 안 먹는 것은 기본이고 남들 놀 때 지독하게 일했던 기억밖에 없습니다. 그런 힘들었던 시절이 있었기에 지금 이렇게 여유롭게 살 수 있는 것이겠지요."

골프 선수 신지애가 있다. 지금의 그녀는 '골프 천재'로 불리는가 하면 부와 명예를 가졌지만 불과 몇 년 전만 해도 사람들로부터 골프 선수로서 완벽한 신체 조건을 갖추고 있던 미셸 위에 비해 신체적 조건이 적합하지 않다는 이야기를 셀 수 없이 들었다. 사실 미셸 위와 신지애의 신체적 조건은 너무나 차이가 났다. 미셸 위의 키가 183cm인 데 비해 그녀는 고작 156cm의 단신이었기 때문이다.

그래서 그녀는 자신의 몸을 골프에 적합하도록 바꾸기로 마음먹었다. 그녀는 매일 학교 운동장 스무 바퀴 돌기와 20층 아파트 일곱 번 오르내리기를 통해 강철체력을 만들었다. 그리고 드라이버 1,000번 스윙, 폐타이어 400번 두드리기와 하루 퍼팅 일곱 시간 연습으로 정확성과 정교함을 요구하는 골프 기술을 익혔다. 이런 지독한 노력 끝에 그녀는 세계 골프 지존의 위치에 우뚝 설 수 있었다.

젊을 때 사서 고생해서 눈부신 미래로 가는 초석을 다져야 한다. 그렇지 않고 청춘을 다 보낸 뒤에 30대, 40대를 맞이하게 되면 그만큼 미래는 암울할 수밖에 없다. 중년의 나이에는 그 나이에 맞는 중요한 일들이 기다리고 있기에 미래를 바꾸는 일에 분투할 수 없게 된다. 청춘시절을 즐기고 노는 데 허비한 대부분의 사람들이 중년의 나이로 접어들수록 초라해지는 이유가 여기에 있다.

지금 청춘을 보내고 있다면 현재의 기쁨과 즐거움을 나중으로 미루어두어야 한다. 인생은 생각보다 길다. 따라서 청춘시절에는 치열하게 꿈을 향해 달려가야 한다. 자신의 분야에서 어느 정도 위치에 오른 뒤에 즐기고 놀아도 부족함이 없다. 아니, 오히려 경제적인 여유 덕분에 기쁨과 즐거움은 배가 될 것이다.

그런데 안타까운 것은 청춘들에게 아무리 귀가 따갑도록 "치열하게 살아야 한다."고 충고해도 귀담아듣지 않는다는 것이다. 대부분의 청춘들은 열심히 사는 것보다 당장 편하고 즐거운 것에 관심이 많다. 그들은 지금 자신들이 보내는 시간들이 훗날의 기쁨과 행복을 좀먹고 있다는 것을 알지 못한다.

성공한 사람들은 젊어서나 나이가 들어서나 항상 뜨겁게 산다. 스위스 피아노의 대가 지그문트 탈베르크 역시 치열한 인생을 살았다. 그는 세계적인 명성을 얻고도 연습을 결코 게을리하지 않았다.

어느 날 음악회를 개최하는데 출연해달라는 요청이 들어왔다.

"그 음악회는 언제 개최됩니까?"

"다음 달 1일입니다."

"그렇다면 저는 거절하겠습니다. 아무래도 그때까지는 연습을 할 수 없을 것 같습니다."

"연습이요? 선생님께서도 연습을 하십니까?"

"이번에도 신곡을 연주하려고 생각하기 때문이지요."

"그래도 3일 정도면 연습을 할 수 있지 않겠어요? 많은 음악가들을 알고 있지만 한 번 하는 연주에 4일 이상 연습하는 사람은 없는 것 같은데요. 하물며 선생님 같은 대가는 연습이 필요 없지 않겠어요?"

그러자 그는 정색을 하며 말했다.

"저는 신작 발표회를 가지려면 적어도 1,500회의 연습을 합니다. 그렇지 않으면 출연하지 않는 것을 원칙으로 합니다. 하루에 50회씩 연습하면 1개월은 걸리겠지요. 그때까지 기다려주신다면 출연하겠습니다. 연습할 시간이 없으면 절대 출연할 수 없습니다."

자신의 분야에서 최고가 되기 위해선 지독히 노력하는 수밖에 없다. 지독한 노력을 기울이려면 장기적인 시간이 확보되어야 한다. 많은 사람들이 자신의 꿈을 위해 끝까지 나아가지 못하고 중도 포기하는 것은 꿈 실현에 온전히 쏟을 수 있는 시간이 부족하기 때문이다. 사실 나이가 들고 책임져야 할 가족이 늘어날수록 나의 미래를 위해 쏟을 수 있는 시간은 줄어들게 마련이다. 따라서 20대만큼 장기적인 시간을 확보할 수 있는 시기도 없다. 20대 때 치열하게 미래를 위해 준비하지 않으면 안 되는 이유가 여기에 있다.

성공한 사람들의 발자취를 통해 자신의 분야에서 어느 정도 위치에 오를 수 있는 나이는 스물다섯 살에서 마흔 살까지라고 볼 수 있다. 나이가 젊을수록 성과를 발휘해 최고가 될 확률이 높지만 마흔 살을 넘기면 지금 하는 일에서 최고가 될 확률이 낮아진다는 뜻이다.

살아갈 날들보다 살아온 날들이 더 많은 사람들은 젊은이들을 보며 부러워한다. 그들이 청춘을 부러워하는 데는 다음의 네 가지 이유가 있다.

① 성취욕과 성공에 대한 욕망이 그 어느 때보다 강하다.

② 끈기를 요구하는 일이나 체력을 필요로 하는 일도 충분히 해낼 수 있을 정도로 건강과 활력이 넘친다.

③ 고정관념이 적고 자유분방한 사고를 할 수 있으므로 창의력이 풍부하다.

④ 자기 자신 이외의 문제(가족, 자녀교육 등)에 시간이나 능력을 빼앗기는 일이 적기 때문에 자기 일에 매진할 수 있다.

청춘을 보내고 있는 당신은 성공할 수 있는 네 가지 요소를 가지고 있다. 그러니 지금부터라도 확고한 꿈과 목표를 향해 치열하게 살기 바란다. 현재의 재미있는 것들은 성공한 뒤로 미루어두어라.

젊을 때 치열하게 살지 않고 방탕하게 살면 반드시 그 대가를 치르게 마련이다. 미국 캘리포니아 버클리대학 연구팀에 따르면, 젊었을 때 술을 많이 마신 사람들은 중년에 이르러 심장질환과 뇌졸중이 발병할 확률이 확연히 높은 것으로 나타났다.

연구팀은 35~80세인 2,818명의 성인들을 대상으로 일생 동안의 음주 습관에 대한 조사를 진행했다. 그 결과 10~20대 초반에 과도하게 술을 마신 사람들은 적당량만 마신 사람들에 비해 대사증후군을 앓을 위험이 3분의 1 이상 높은 것으로 밝혀졌다.

지금 꿈을 향해 매진하면 눈부신 미래를 위한 초석을 다짐과 동시에 건강을 지킬 수 있다. 무엇보다 지금 미래를 위해 가치 있는 일을 하고 있다는 생각이 자부심과 긍지를 가지게 한다. 이는 나아가 더 큰 일을 할 수 있다는 자신감과 자존감을 높여준다.

인생은 이제부터 시작이다. 청춘을 헛되이 낭비해선 안 된다. 아직 배워야 할 것도, 갖추어야 할 것도, 이루어야 할 것도 셀 수 없이 많다. 지금 당장 누리는 기쁨과 행복보다 훗날 성공 후에 맛보게 될 기쁨과 행복이 더 크다는 것을 잊어선 안 된다.

마지막으로 괴테의 말을 뇌리에 각인시켜보라.

"모든 것은 젊었을 때 구해야 한다. 젊음은 그 자체가 하나의 빛이다. 빛이 흐려지기 전에 열심히 구해야 한다. 젊은 시절에 열심히 찾고 구한 사람은 늙어서 풍성하다."

미래에 대한 불안으로 힘들어하는 너에게

동시대를 살고 있는 청춘들은 모두 미래에 대한 불안감을 가지고 있다. 이 글을 쓰고 있는 나 역시 미래에 대한 불안감이 있다. 갈수록 치열해지는 경쟁 사회의 청춘들에게 미래에 대한 불안감은 어쩌면 숙명일지 모른다는 생각마저 든다.

내가 운영 중인 〈드림자기계발연구소〉 게시판에 이런 고민 글이 올라왔다.

"이직을 고려 중인 여성 직장인입니다. 현재 다니는 회사가 위태로운 것 같아서요. 언제까지 다닐 수 있을지 막막하네요.

나이를 한 살 한 살 먹어감에 따라 점차적으로 일자리에 대한 불안감이 엄습해옵니다. 제가 미래를 대비할 수 있는 직업을 준비하려면 어떤 준비를 지금부터 하나하나 해나가야 할까요?

안정된 직업을 가지려면 어떻게 해야 하는지 소장님의 조언 부탁드립니다. 이제 결혼도 앞두고 있어서, 결혼 이후에도 할 수 있는 직업을 선택하고 싶습니다."

주위에는 이런 고민을 가진 사람이 한둘이 아니다. 지금 다니고 있는 회사가 구조조정을 앞두고 있거나 회사가 문을 닫을 위기에 처해 있어서 고민하는 청춘들이 셀 수 없이 많다. 뿐만 아니라 입사 면접 때마다 번번이 떨어져 좌절하거나 그토록 원했던 회사에 들어갔지만 막상 들어가서 일해보니 자신의 적성과 맞지 않아 힘들어하는 사람들도 있다. 이들의 공통점은 세상에서 혼자 동떨어진 것 같고 미래에 대해 초조하고 불안하다는 것이다.

나 역시 과거에 미래에 대해 불안해했던 적이 많았다. 아니, 매일이 초조하고 불안했다. 5년여 전부터 나는 대한민국 최고의 '동기부여가'라는 꿈을 가지고 있었다. 하지만 당시 나의 현실은 그 꿈과는 거리가 너무나 멀어 아득하게만 보였다. 그럼에도 나는 매일같이 책을 읽고, 잠을 줄여가며, 어떤 결과를 내기 위해 직장을 다니면서 자기계발을 했다.

공부에 대한 미련을 버리지 못한 나는 외국 생활을 과감히 중도에 접고, 일주일 만에 귀국했다. 어머니와 동생이 있는 고향인 부산으로 돌아왔다. 힘든 형편에 일도 하지 않고 공부만 한다는 자체가 가족들에게 미안한 마음이 들었다. 솔직히 그런 생각들을 해야 한다는 자체가 나를 힘들게 했다. 안 되겠다 싶어 연고도 없는 서울로 무작정 가기로 마음먹고 바로 짐을 꾸렸다. 그렇게 서울 생활은 시작되었고, 당장 필요한 돈을 위해서 경력직으로 일을 구했다. 새벽에는 학업을, 낮에는 일을, 저녁에는 영어학원을 다니고 운동을 하며 지냈다. 지금 생각해보면 어떻게 그렇게 지독하게 살았나 싶다. 그런 비참한 현실 속에서도 나는 나의 과거를 보기보단, 나의 미래에 베팅을 했다. 그리고 내 꿈이 언젠가는 반드시 이루어질 거라고 믿었다. 성공은 과학이니까.

나는 미래가 불안할수록 꿈을 향한 노력에 불을 붙였다. 더욱 치열하게 영어 공부를 하고, 책을 읽고, 생각하며 몰입했다. 지금 생각해보면 그런 노력들이 당시 내가 할 수 있었던, 미래를 바꾸는 최선의 전략이었다.

미래에 대해 불안해하는 청춘들에게 "지위 고하를 막론하고 누구나 미래에 대한 불안감을 가지고 있다."라고 조언하고 싶다. 사실 미래가 불안하다는 것은 지금 자신이 어떤 대처를 해야 하는지 알고 있다는 뜻과 같다. 지금 이대로 계속 가다가는 미래가 암담하고 비참해질 수도 있으니 미리 알아서 대처하라는 내면의 경고라고 생각하면 된다.

미래가 불안하게 생각될수록 확고한 꿈을 설정하고 그 꿈을 단단히 붙잡아야 한다. 자기 분야에서 성공한 사람들 역시 과거엔 미래에 대한 불안감을 가지고 있었다. 그럼에도 그들이 성공할 수 있었던 것은 그 불안감에 함몰되지 않고 눈부신 미래를 창조하는 일에 화력을 집중했기 때문이다.

나는 미래가 불안하게 여겨지는 사람들에게 다음 세 가지를 조언한다.

① 꿈과 목표를 종이에 적어서 잘 보이는 곳에 붙여 두거나 가방이나 지갑 속에 넣어 가지고 다니면서 자주 들여다보라.
② 자신의 롤모델 사진을 잘 보이는 곳에 붙여 두고 자주 바라보면서 자신 역시 꿈을 이룬 모습을 생생하게 상상하라.
③ 간절하게 가지고 싶은 것(집, 자동차 등)이 있다면 사진을 벽에 붙여 두고 시각화하라.

이렇게 하는 것만으로도 어느 정도 미래에 대한 불안감을 줄일 수 있다. 꿈과 목표를 적은 종이와 롤모델 사진을 보면서 자신 역시 그렇게 되고 싶은 강한 열망에 휩싸이기 때문이다. 강한 열망은 적극적인 행동, 즉 노력으로 바뀌기 때문이다. 그렇게 꾸준히 노력하다 보면 미래에 대한 불안감은 잊어버리게 된다.

앞에서 내가 조언했던 꿈과 목표 쓰기, 롤모델 사진 붙이기로 자신의 꿈을 이룬 인물이 있다. 바로 할리우드 배우 아널드 슈워제네거다. 그는 세계적인 보디빌더로 기네스북에 올랐는가 하면, 케네디가의 여성과 결혼한 뒤 캘리포니아 주지사의 자리에까지 올랐다. 그는 주지사의 자리에서 물러난 지금도 여전히 할리우드의 액션스타로 전 세계인의 사랑을 받고 있다.

슈워제네거는 어린 시절 책상머리에 세 가지 목표를 적은 종이를 붙여 놓았다.

① 나는 영화배우가 될 것이다.
② 나는 케네디가 여성과 결혼할 것이다.
③ 나는 캘리포니아 주지사가 될 것이다.

그는 자신의 꿈을 끊임없이 가슴에 새기고 생생하게 상상했다. 결국 그는 자신의 꿈을 모두 이루었다.

슈워제네거가 한창 보디빌더 선수로 활동하던 당시 한 기자가 물었다.

"보디빌더를 그만두면 무엇을 할 생각인가요?"

그러자 그는 자신의 계획을 말했다.

"할리우드 최고의 영화배우가 될 것입니다."

어안이 벙벙해진 기자가 어떤 방법으로 영화배우가 될 것인지 물었다. 그의 대답은 간단했다.

"보디빌딩을 할 때처럼 원하는 것을 상상하고 이미 다 이룬 것처럼 사는 겁니다."

과거 그는 보디빌딩 선수가 되기 전에 친구들이 유명 여배우 사진으로 방을 도배할 때 보디빌더들의 포스터로 자신의 방을 도배했다. 그 포스터를 보면서 자신도 반드시 멋진 근육질의 강한 남자가 되겠다고 다짐했다. 그리고 매일 매 순간 멋진 근육질을 갖춘 자신의 모습을 상상하며 훈련에 임했다. 그런 노력 끝에 그는 미스터 유니버스에서 5회, 미스터 올림피아에서 7회나 정상에 올랐다. 뿐만 아니라 1974년 대회 때 그는 기네스북에 등재되기까지 했다.

작가 그레그 S. 레이드는 저서 《10년 후》에서 이렇게 말하고 있다.

"꿈을 날짜와 함께 적으면 목표가 되고, 목표를 잘게 나누면 계획이 되며, 계획을 실행에 옮기면 꿈은 실현이 된다."

미래에 대한 불안으로 힘들어하는 너에게 말하고 싶다. 동시대를 살고 있는 사람들 모두가 미래에 대해 초조해하고 불안해한다고. 그래서 더욱더 확고한 꿈과 목표를 가져야 하고 고군분투해야 한다고.

미래가 불안하다는 것은 지금보다 더 잘 살고 싶다는 또 다른 갈망이다. 만일 지금의 생활에 만족한다면 미래에 대한 불안감은 전혀 느낄 수 없을 것이다. 따라서 미래에 대한 불안감이 엄습한다고 해서 힘들어하거나 두려워해선 안 된다. 오히려 지금 더 나은 미래를 만들기 위해 행동에 나설 때가 왔다고 여겨라. 미래에 대한 불안감을 눈부신 미래를 창조하는 에너지로 승화시키기 바란다.

부정적인 생각을 버리는 연습을 하라

성공하는 사람들과 실패하는 사람들에게는 각각의 공통점이 있다. 성공하는 사람들의 머릿속에는 긍정적 사고가 가득 차 있지만 실패하는 사람들의 머릿속은 부정적 사고로 넘쳐난다.

다음은 성공하는 사람들의 머릿속이다.

난 어떤 일이 있어도 꿈을 이룰 거야.

왜 나라고 못해! 나도 잘할 수 있어.

힘들더라도 이번 기회를 통해 내 실력을 보여주는 거야.

반면에 실패하는 사람들의 머릿속은 어떨까?

꿈은 아무나 이루나.

왜 나한테 이런 안 좋은 일들만 생기는 걸까?

이번 일도 보나마나 분명 실패할 거야.

사람은 누구나 긍정적인 사고와 부정적인 사고를 함께 가지고 있다. 다만 어느 쪽의 생각을 더 많이 가지고 있느냐에 따라 행동과 습관이 달라지고 결국 미래가 좌우된다. 나 역시 과거에 긍정적인 사고보다 부정적인 사고로 가득 차 있었다. 나 자신을 위해 끝이 보이지 않는 공부를 하는 내내 회의감에 젖어 있었던 적이 있다. 이런 부정적 사고는 '이렇게 노력하면 뭐 해, 누가 알아주기나 하나'라는 생각을 낳았다. 그러자 모든 것이 귀찮게 여겨졌다. 이때 나를 계속 앞으로 나아가게 했던 것은 확고한 꿈이었다. 확고한 꿈이 없었다면 나는 거듭되는 세상의 거절에 '동기부여'가 되기를 포기했을지 모른다.

링컨을 연구한 전문가들에 따르면 그는 스물일곱 번의 실패를 거듭했다고 한다. 계속되는 실패에 친구들은 그의 주변에서 자해에 쓰일 수 있는 칼이나 면도날과 같은 날카로운 것들을 치워버릴 정도였다.

그러나 링컨은 언제까지나 절망 속에 갇혀 있지 않았다. 자신이 선거에서 떨어졌다는 소식을 듣고 곧바로 식당으로 달려갔다. 그리고 배가 부를 정도로 먹고는 이발소로 향했다. 머리를 곱게 다듬고 기름도 듬뿍 발랐다.

그리고 그는 이렇게 외쳤다.

"이제 배가 든든하고 머리가 단정하니 걸음걸이가 곧을 것이고 목소리에는 힘이 찰 것이다. 다시 힘을 내자. 에이브러햄 링컨!"

세상에 링컨보다 더 실패를 많이 한 사람도 드물다. 그러나 그런 숱한 실패에도 불구하고 링컨은 언제까지나 절망하지 않았다. 더욱이 자신이 바라는 것을 얻기 위해 투혼을 발휘했다.

지금 시련과 역경과 싸우고 있더라도 긍정적 사고를 버려서 안 된다. 긍정적 사고 없이는 절대 꿈과 목표를 실현할 수 없다. 전진할 때마다 부정적 사고가 만들어내는 장애물에 걸려 넘어지기 때문이다. 그래서 성공자들이 "긍정적 사고를 가져야 한다."고 조언하는 것이다. 부정적 사고로는 확고한 꿈을 이루기 위해 꾸준한 노력을 기울일 수 없다. 그 꿈이 반드시 실현된다는 확실한 믿음이 없기 때문이다. 불확실한 것에는 자신의 전부를 걸지 않으려는 사람의 간사한 마음이 자꾸만 노력을 방해하는 것이다.

코넬 대학의 앨리스 아이센 교수는 지능과 학력 수준이 비슷한 학생들을 두 그룹으로 나눈 뒤 한 그룹에는 5분 동안 재미있는 코미디 영화를 보여주었다. 학생들은 재미있게 영화를 시청했다. 다른 그룹에는 별다른 감정을 유발하지 않으면서 논리적 사고를 유발하는 수학적 내용을 담은 영화를 보여주었다. 그리고 각 그룹에 10분의 시간을 주고 던커의 촛불 문제를 풀어보게 했다. 결과는 어떻게 되었을까?

재미있게 코미디 영화를 시청한 그룹은 75%가 10분 안에 문제를 풀었다. 그러나 논리적 사고를 자극하는 영화를 본 그룹은 단 20%만이 문제를 풀 수 있었다. 이 실험을 통해 앨리스 아이센 교수는 코미디 영화를 보면서 느낀 긍정적 정서가 큰 차이를 가져왔다는 것을 알 수 있었다.

김상운의 저서 《왓칭, 신이 부리는 요술》에 보면 이런 흥미로운 실험이 소개된다.

하버드대학 출신의 물리학자인 이타노 박사는 전자파를 발사해 베릴륨 원자 5,000개를 가열해보았다. 이 상황을 쉽게 설명하면 원자들은 냄비 속의 계란이고, 전자파는 냄비에 가해지는 열과 같다. 가열 시간은 250ms(밀리세컨드), 즉 1/4초였다(레이저 광선을 이용하면 지극히 짧은 순간마다 원자들의 가열상태를 들여다볼 수 있다).

1. 250ms 동안 한 번도 원자를 바라보지 않음.

→ 원자들이 100% 익었다(계란이 완전히 익었다).

2. 250ms 동안 62.5ms, 125ms, 187ms, 250ms 동안 일정한 간격으로 모두 네 번 원자를 바라보았다.

→ 원자들의 3분의 1만 익었다(계란이 3분의 1만 익었다).

3. 250ms 동안 일정한 간격으로 열여섯 번, 서른두 번, 예순네 번 원자를 바라보았다.

→ 바라보는 횟수가 늘어날수록 익는 정도도 줄어들었다. 예순네 번 원자를 바라보았더니 원자들이 전혀 익지 않고 원래의 냉동상태에 머물렀다(자주 바라볼수록 계란은 그만큼 더디 익었다).

이 실험을 통해 지켜보는 냄비는 더디 끓는다는 것을 알 수 있다. 그 이유는 무엇일까? 김상운은 이렇게 설명한다.

"냄비를 가스레인지에 올려놓자마자 바라보면 아직 끓고 있지 않는 상태다. 끓고 있지 않는 냄비를 자꾸만 바라보는 심리상태는 뻔하다. 마음 한 구석에 '이 물은 도대체 왜 이렇게 안 끓는 거지?' 하는 조바심치는 생각이 자리 잡고 있다. 이 생각은 보글보글 끓고 있는 냄비가 아니라 끓지 않는 냄비의 이미지를 그려낸다. 따라서 냄비 속의 물은 자연히 끓지 않는 냄비 이미지를 읽고 현실로 나타낸다. 조바심치는 얕은 생각보다 이미지가 훨씬 더 강한 것이다. 그러다 보니 끓는 속도가 더뎌질 수밖에."

그는 냄비가 빨리 끓도록 하기 위해선 머릿속에 가득한 조바심치는 생각을 버려야 한다고 말한다. 이런 부정적인 생각들을 버리고 끓는 냄비의 이미지를 생생하게 떠올려야 한다는 것이다.

암이나 백혈병보다 더 무서운 것은 어쩌면 부정적인 사고가 아닐까. 종종 책이나 기사를 통해 암과 백혈병에 걸렸다가 완치된 사람들의 이야기를 접한다. 그들의 말을 들어보면 하나같이 긍정적인 사고로 생활했다는 것을 알 수 있다. 반면에 치료에 실패한 사람들은 부정적인 사고로 가득했다. 왜 자신이 그런 불치병에 걸렸는지, 신과 조상을 원망하고 억울해했던 것이다.

세상에서 긍정적인 사고보다 더 강한 힘은 없다. 긍정적인 사고는 안 되는 것을 가능케 한다. 그래서 성공을 바란다면 반드시 머릿속을 긍정적인 사고로 가득 채워야 한다. 긍정적인 사고를 가져야 자신에게 닥친 시련과 역경으로부터 달아나기보다 맞서 싸우기 때문이다.

확고한 꿈과 함께 긍정적인 사고를 가져라. 이 두 가지를 가진 사람은 이미 성공을 예약한 것과 다름없다.

마음껏 아프고 낙심하더라도 끝끝내 무릎 꿇지는 마라

인생을 사는 것은 막막하고 고통스러운 일이다. 너무나 힘든 나머지 어떤 사람들은 인생을 비관하기도, 해선 안 될 일을 저지르기도 한다. 사실 주위를 둘러보면 아무런 목적의식 없이 함부로 인생을 사는 사람들을 쉽게 볼 수 있다.

그러나 아무리 세상살이가 힘들어도 최선을 다해 살아야 한다. 우리가 할 수 있는 일은 그저 고군분투하며 자신에게 주어진 역할에 최선을 다하는 것이기 때문이다. 그렇게 목적의식을 가지고 살다 보면 좋은 일들도 생겨난다. 사실 성공이라는 것도 목적의식을 가지고 한 발짝 한 발짝 걸음을 옮긴 결과다. 그래서 나는 사람들에게 마음껏 아프고 낙심하더라도 끝끝내 무릎을 꿇지는 말라고 충고한다. 포기하지만 않으면 반드시 성공이라는 정상에 도달할 수 있기 때문이다.

미국의 영화배우이자 감독인 실베스터 스탤론. 그는 영화 〈록키〉와 〈람보〉 시리즈의 주인공으로 유명하다. 지금의 그는 부와 명예를 모두 갖추었지만 과거의 그는 누구보다도 힘든 시절을 보내야 했다. 특히 그의 무명시절은 길었는데 그는 자신의 꿈인 영화배우가 되기 위해 고군분투했다.

그는 총 1,885번의 오디션에서 떨어졌는가 하면, 500군데의 영화사에서 거절을 당해야 했다. 그럼에도 불구하고 그는 자신의 꿈을 쉽게 포기하지 않았다.

어느 날 한 감독이 실의에 빠져 있던 그에게 이렇게 비아냥거렸다.

"자네, 정말 영화배우가 되고 싶은가? 그렇다면 먼저, 말하는 방법을 비롯한 모든 것들을 고친 뒤에 다시 오디션을 보러 오게. 자넨, 그 이유를 알고 있겠지?"

"……."

감독은 이어서 말했다.

"자네의 목소리는 너무 듣기 거북스러울 뿐 아니라 외모까지 추하기 때문일세."

이 말을 들은 스탤론은 속으로 분노가 치밀었지만 꿈을 생각하며 참았다. 반드시 유명한 영화배우가 되어 오늘의 수모를 갚아주겠다고 다짐했다.

집으로 돌아온 그는 직접 영화 〈록키〉의 각본을 쓰기로 결심했다. 그는 몇 주 동안 두문불출하고 각본을 쓰는 일에 매달렸다. 드디어 각본이 완성되자 부푼 기대를 안고 뉴욕의 유명한 에이전시에 보냈다. 그러나 그가 쓴 각본에 관심을 보이는 곳은 단 한 군데도 없었다. 그럼에도 그는 계속 에이전시에 각본을 보냈다.

어느 날 한 영화 제작자로부터 3만 6,000달러에 각본을 사겠다는 제안을 받았다. 그런데 문제는 주인공이었다. 제작자는 유명 영화배우를 주인공으로 캐스팅하겠다고 말했다. 그러나 스탤론은 자신보다 더 주인공에 적합한 인물은 없다고 생각했다. 두 사람은 의견을 좁히지 못했고 결국 그는 제작자의 제의를 거절하고 말았다.

그는 다시 새로운 영화 제작자를 찾아 나섰다. 그리고 얼마 후 자신의 바람이 실현되었다. 자신이 쓴 각본에 자신이 주인공으로 캐스팅되는 행운을 만나게 된 것이다. 그렇게 해서 영화 〈록키〉가 세상에 나올 수 있었다. 이 영화 한 편으로 그는 무명시절에서 벗어나 할리우드 최고의 액션 스타가 되었다.

훗날 그는 각본만 사겠다고 제안한 제작자와의 일을 이렇게 회상했다.

"그 당시 내 아내는 임신 중이었다. 가진 것이라곤 주머니 속 40달러가 전부였다. 그 제작자가 제시한 3만 6,000달러를 요즘 시세로 환산하면 거의 300만 달러가 넘는다. 그러나 내가 〈록키〉 각본을 쓰는 데 심혈을 기울인 것에 비하면 보잘것없는 액수다. 돈보다 주연은 당연히 내가 해야 한다고 생각했다. 그래야만 영화의 완성도를 높일 수 있기 때문이다. 이런 원칙으로 내가 처음 가진 생각과 소망을 지금껏 지켜 올 수 있었다."

가끔 나는 그 순간에는 오로지 고통과 불행으로만 여겨졌지만 시간이 지나고 나면 그 시간들이 참으로 중요했다는 것을 깨닫곤 한다. 고통과 불행으로만 생각되었던 시간들이 사실은 더 나은 미래로 가는 징검다리였던 것이다.

흑인여성 최초로 미국 국무장관에 오른 콘돌리자 라이스가 있다. 그녀 역시 여느 성공자들과 마찬가지로 어떤 어려움에도 굴복하지 않고 자신의 꿈을 향해 나아갔다. 그녀의 인생 역정을 살펴보면 포기하지만 않으면 반드시 바람이 실현된다는 진리를 새삼 깨닫게 된다.

1964년, 열 살의 어떤 흑인 소녀가 부모님과 함께 백악관을 구경하고 있었다. 한동안 백악관 주위를 서성이며 천천히 건물 외관을 살피던 소녀가 침묵을 깨며 말했다.

"아빠, 제가 저 안으로 들어가지 못하고 이렇게 밖에서 백악관의 겉모습만 구경해야 하는 건 피부색 때문이죠? 하지만 두고 보세요. 저는 반드시 백악관 안으로 들어갈 거예요."

25년 후, 소녀의 예언은 그대로 실현되었다. 그녀는 소비에트 체제가 붕괴되고 독일이 통일되던 시기에 미국 대외정책을 주도하는 수석 보좌관으로서 백악관에서 조지 H.W. 부시 전 대통령과 일하게 된 것이다. 그리고 11년 뒤에는 그의 아들인 조지 부시 전 대통령의 국가안보 보좌관으로 백악관에 다시 들어갔다.

당시 백악관을 둘러보고 있던 사람은 한두 명이 아니었다. 수십만 명이 백악관을 바라보았지만 그녀는 그들과는 다른 비전을 가졌던 것이다.

어린 시절, 콘돌리자 라이스는 차별받는 흑인 소녀에 불과했다. 하지만 그녀는 피부색의 차이로 인해 멸시와 조롱을 받는 현실이 견딜 수 없었다. 그러던 중 어느 날 그녀는 백악관에서 자신의 비전을 보게 되었다. 그리고 자신이 해야 할 가장 중요한 일이 무엇인지 깨달았던 것이다.

콘돌리자 라이스는 그곳에서 자신의 비전을 발견하고 그 비전을 이루기 위해 오랜 세월 동안 피나는 노력을 했다. 그 결과 비전이 현실이 된 것이다.

실베스타 스탤론, 콘돌리자 라이스 등 세상에는 어려움 속에서도 꾸준한 노력 끝에 꿈을 실현한 사람들이 많다. 미국의 첫 흑인 퍼스트 레이디 미셸 역시 그런 케이스에 속한다.

미국의 첫 흑인 퍼스트레이디 미셸 오바마. 그녀의 아버지는 서른 살 때부터 다발성 경화증에 시달렸다. 시간이 지나면서 증상은 더욱 심해졌다. 결국 그녀의 아버지는 다발성 경화증으로 거동조차 할 수 없는 지경에 이르고 말았다. 그녀는 아버지의 약값을 마련하기 위해 자주 생활 전선에 뛰어들어야 했다. 그만큼 공부할 수 있는 시간은 줄 어들었다. 하지만 그녀는 1년을 월반할 정도로 휘트니 영 고등학교에 서 성적이 뛰어난 학생이었다.

그러나 그녀의 아버지는 특히 그녀보다 오빠 크레이그를 자랑스 러워했다. 크레이그는 뛰어난 농구 선수로 성적까지 좋아 프린스턴 대 장학생으로 뽑혔기 때문이다.

그녀의 아버지는 자녀들이 잘못해도 절대로 언성을 높이지 않았 다. 다만 차가운 표정으로 "실망했다."고 말할 뿐이었다. 하지만 그 한마디에 미셸과 오빠는 대성통곡할 정도로 힘들어했다.

그 당시를 미셸은 이렇게 회상했다.

"아버지를 절대로 실망시키고 싶지 않았다. 실망했다는 말만 들으면 나 도 모르게 눈물을 펑펑 쏟게 되었다."

그녀는 얼마 후 오빠 크레이그가 프린스턴대 장학생으로 뽑히자 두려움에 휩싸였다. 그녀의 어머니는 〈뉴스위크〉지에서 다음과 같이 말했다.

"그 애는 자신에게 실망을 느꼈다. 성적이 생각만큼 나오지 않으면 만회를 하려고 무지 애썼다. 자신은 그렇게 열심히 해야 되는데, 오빠는 책을 팔에 끼고 다니기만 하면 시험에 붙으니 심리적인 충격이 더욱 컸다. 그런 사람 곁에 있으면 자신이 어느 정도 괜찮아도 그만큼, 아니면 그보다 더 잘하고 싶어 하게 마련이다."

그렇다고 해서 미셸의 성적이 나쁜 것은 아니었다. 초등학교 2학년을 월반할 정도로 그녀는 우수한 학생이었다. 하지만 일등은 아니었다. 그래서 우수 학생들의 명문대 진학을 돕는 입학 상담관의 주목을 받지 못했던 것이다. 심지어 입학 상담관은 그녀에게 성적과 집안 형편 등의 이유로 프린스턴대학을 포기하는 게 좋겠다는 말까지 했다.

그러나 그녀는 프린스턴대학에 들어가겠다는 자신의 목표를 포기하지 않았다. 오히려 더욱 독한 마음으로 오빠의 공부 습관에 대해 연구했다. 그 결과 자신도 '할 수 있다'는 자신감을 가지게 되었다.

어느 날 그녀는 입학 상담관에게 당당하게 말했다.

"저는 무슨 일이 있어도 프린스턴대학에 진학하겠어요!"

그리고 마침내 미셸은 프린스턴대학에 지원해 당당하게 합격했다. 이 일을 계기로 그녀는 자신이 바라는 것은 반드시 이루어진다는 것을 확신하게 되었다.

그녀는 사람들에게 무시당하지 않고 당당하게 살아가기 위해 변호사라는 꿈을 키웠다. 그리고 그 꿈을 이루기 위해 치열하게 공부했다. 그 결과 명문 프린스턴대학과 하버드대학 로스쿨에 들어갔고, 지금처럼 자신의 인생을 꽃피웠다.

나는 그동안 예술, 문화, 경영 등 각계에서 성공한 사람들을 만나왔다. 그동안 만났던 성공자들에게서 한 가지 공통점을 찾을 수 있었는데, 그것은 그들 대부분이 과거 힘든 시기를 보냈다는 것이다. 그들은 시련과 역경으로 고통스러워했지만 끝끝내 무릎을 꿇지는 않았다. 오히려 여기서 무너지면 끝장이라는 생각으로 더욱 분투했다. 그리고 자신이 뜻하는 바를 이루어냈다. 그래서 나는 특강 때마다 종종 "시련과 역경은 성공으로 가는 통과의례"라고 말한다.

우리 모두는 아직 청춘이다. 가슴에 품고 있는 꿈을 쉽게 내던져선 안 된다는 말이다. 만일 지금 꿈을 내팽개친다면 훗날 더 소중한 것을 잃게 된다는 것을 기억해야 한다.

꿈은 이루기 위해 있는 것이다. 어떤 꿈이든 그것을 실현하기 위해 고군분투한다면 반드시 인생의 꽃이 만개하게 마련이다.

꾸준한 노력이 답이다

세상에는 두 부류의 사람이 있다.

① 꿈을 이루기 위해 꾸준히 노력하는 사람
② 꿈은 있지만 실현하기 위해 꾸준히 노력하지 않는 사람

세상 모든 성공자들은 첫 번째 부류에 속한다. 그들의 시작은 초라했지만 꿈을 향해 꾸준히 노력한 결과 눈부신 인생을 창조했다. 반면에 두 번째 부류는 전형적인 패배자의 인생을 산다. 꾸준한 실행력이 뒷받침되지 않는 꿈은 꿈이 아니다. 망상이다. 관 뚜껑이 닫힐 때까지 실현되지 않는다.

대부분의 사람들은 꿈의 중요성에 대해서는 목소리를 높이지만

꿈을 창조하는 꾸준한 노력에 대해서는 가볍게 여기는 경향이 짙다. 지금부터라도 청춘들에게 꿈과 함께 꾸준한 실행력, 즉 노력의 중요성에 대해 말해야 한다. 장영식 에이산 회장처럼. 아무리 가진 것 없고, 내세울 것이 없어도 꿈과 함께 노력이 따라준다면 반드시 원하는 것을 성취할 수 있기 때문이다.

장영식 에이산 회장의 말이다.

"기회는 누구에게나 공평하다. 성공의 비결은 오로지 실행력이다."

그는 냉장고·TV 등 가전제품 유통점과 면세점을 열어 일본으로 건너간 지 10여 년 만에 연 150억 엔의 매출을 일구어낸 재일동포 기업가다. 그는 만나는 사람들에게 실행력, 즉 꾸준한 노력을 강조한다. 자신 역시 실행력으로 지금의 성공을 일구어냈기 때문이다.

한 기자가 그에게 물었다.

"일본 지진으로 IT 제품 판매가 어렵지 않습니까?"

그러자 그는 이렇게 말했다.

"그렇지 않습니다. 전력 공급이 원활하지 않을 것으로 보고 건전지 수요를 예상해 준비했더니 150만 개나 팔려나갔습니다. 위기는 항상 또 다른 기회입니다. 그것을 붙잡는 것은 오로지 '실행력' 입니다."

지금은 자수성가한 기업인으로 손꼽히고 있지만 1993년 일본으로 건너갈 때만 해도 그는 순천대학을 졸업한 26세의 초라한 청년에 불과했다. 그가 일본행을 택한 계기는 일본어라도 제대로 배워보자는 생각에서였다. 그때 그가 들고 간 돈은 단돈 300만 원이 전부였다. 일본어학교에 등록하고 방을 얻고 나니 몇 푼 남지 않았다. 당시 그는 막막했지만 '실행력만 있으면 굶어 죽진 않는다' 는 확고한 신념을 잃지 않았다. 하루는 그는 쌀을 사러 갔다가 한국보다 일본의 쌀값이 훨씬 비싸다는 것을 알았다. 그래서 당장 돈을 빌려서 한국에서 경기미를 구입해 일본에 팔았다. 구입 가격의 세 배를 남기고 팔 수 있었다. 그리고 그는 일본에 한국 가수 팬들이 예상 외로 많다는 것에 착안해 한국 유명 가수들의 테이프를 구해서 팔아 이문을 남기기도 했다.

그렇게 해서 그는 불과 1년 만에 300만 엔을 벌 수 있었다. 사업에 자신감을 얻은 그는 가전제품 유통업에 진출하기로 마음먹었다. 하지만 유통업은 생각보다 쉽지 않았다. 가전제품을 한두 대 거래하는 정도에서는 별 어려움이 없었지만 본격적으로 거래를 트려고 하자 유통담당자들이 손을 내저은 것이다. 그러나 그는 포기하지 않고 꾸준히 담당자와 친분을 쌓아갔다. 그가 소니와 첫 거래를 트는 데만

5년이라는 시간이 걸렸다. 하지만 그 후로 거래가 꾸준히 늘어나기 시작했다. 그의 강한 실행력이 빛을 발한 것이다. 1998년 23억이던 매출은 10여 년 만에 여섯 배 넘게 증가했다.

장영식 회장은 청춘들에게 자신의 성공 비결을 이렇게 말한다.

"기회는 누구에게나 공평하다. 성공의 비결은 오로지 실행력이다. 나 역시 과거 한국에서는 성공하기 힘든 인생이었다. 그러나 나가보니 길이 있더라. 젊은이들이 학력에 스스로를 구속하지 말고 해외든 국내든 간에 적극적으로 도전하기 바란다."

김호 에델만코리아 사장은 서른아홉에 자신이 진정으로 원하는 일에 대해 고민하기 시작했다. 그는 대형 PR 컨설팅 회사인 에델만코리아에서 서른한 살에 직장생활을 시작해 서른일곱 살에 사장이 되었다. 그는 탁월한 경영 능력을 발휘해 그가 사장으로 있는 동안 해마다 회사는 최고 매출을 기록했다. 하지만 그는 사람들이 박수 칠 때 진짜 인생을 위해 떠나고 싶었다.

김호는 고민 끝에 실제로 회사에 사표를 제출했다. 힘겹지만 진짜 인생이 시작된 것이다. 사장 자리를 박차고 나온 그는 7개월 동안 자신이 진짜로 좋아하는 일을 찾기 위해 여행을 시작했다. 미국에 가서 관심 분야의 콘퍼런스에 참여하는가 하면, 아일랜드 더블린에서 개

최된 창조성 워크숍에도 참가했다. 대부분의 시간을 혼자 지내며 목수의 일과 재즈 피아노를 배우고 틈틈이 책을 읽었다.

그 후 그는 소그룹 규모로 위기관리 코칭을 시작했다. 그런데 생각보다 사람들의 반응이 좋았고 스스로의 만족도도 높았다. 이 경험을 통해 그는 좋은 커뮤니케이터가 되는 것보다 다른 사람이 더 좋은 커뮤니케이션을 하도록 가르치는 것이 자신의 장점이라는 것을 깨달았다. 그리고 그는 좀 더 용기를 내어 위기관리 1인 기업인 '더 랩 에이치'를 설립해 진짜 인생을 살고 있다.

"실패를 두려워하지 마세요. 평범하게 살지 마세요. 스스로를 명품이라고 생각하세요. 하지만 그 과정에 고통이나 역경, 실패, 눈물, 아픔 등은 원하지 않지만 분명히 함께합니다. 재도전 하면 실패도 익숙해지죠. 우리 모두 할 수 있습니다."

'실리콘밸리 신화', '작은 거인' 김태연 회장의 말이다. 그녀는 한국을 빛낸 55인에 선정되었으며 베스트셀러 작가이기도 하다. 현재 그녀는 세계에서 가장 영향력 있는 여성 CEO 중 한 명으로 꼽힌다. 그래서 대부분의 사람들은 김태연 회장이 처음부터 남들보다 특출한 능력을 타고났다고 생각한다.

그러나 그렇지 않다. 그녀는 태어나면서부터 집안 어른들로부터 축복이 아닌 저주를 받아야 했다. 그녀가 태어나자 할머니는 "김씨 집안 다 망했네."라며 부엌에서 끓고 있던 미역국을 솥째 내동댕이쳤고, 태어난 아이가 여자라는 것을 확인한 할아버지는 조상 사진 앞에서 "제가 뭘 잘못했기에 이런 큰 벌을 주십니까?"라며 통곡했다.

김태연 회장은 그렇게 태어났다. 아무도 축복해주지 않았던 출생의 순간은 낙인이 되어 자라는 내내 그녀를 힘들게 했다. 가족들의 싸늘한 시선은 상상할 수도 없는 구박과 냉대로 이어졌고, 술주정이 심했던 아버지에게는 무관심과 폭력을, 한 맺힌 어머니에게는 원망을 받아야만 했다. 친구들과 주변 사람들도 그녀를 '재수 없는 아이'라고 부르며 무시하기 일쑤였다. 그녀의 어린 시절은 눈물이 마를 날이 없었다.

당시를 그녀는 이렇게 회상한다.

"나는 사람들한테 손가락질을 참 많이도 받았어요. 내가 흘린 눈물을 채우자면 한강도 넘칠 거예요. 항상 '너는 안 돼'라는 말을 듣고 자랐어요. 정월 초하루에 여자로 태어났다는 이유만으로요."

그러나 지금의 그녀는 많은 사람들의 존경과 사랑을 받는 위치에 서 있다. 그녀는 반도체 장비 회사인 라이트 하우스를 비롯해 모닝 플라넷, 데이터 스토어X, 엔젤힐링 등 6개 회사를 소유한 TYK 그룹의 회장이자 태권도 도장인 '정수원'을 운영하는 태권도 8단의 여성 최초 '그랜드마스터'다. 라이트 하우스는 실리콘밸리가 벤처 위기로 무너져가던 때도 성장을 거듭해 동종 업계 1위의 실적을 기록하고 있는 우량 회사이며, 그녀가 진행하는 '태연 김 SHOW'와 직접 출간한 책들은 엄청난 호응을 얻기도 했다.

세상에 공짜로 주어지는 것은 없다. 눈부신 성공이라면 오죽하겠는가. 김태연 회장은 성공 비결을 묻는 사람들에게 이렇게 말한다. 그녀의 말을 가슴에 새겨보라.

"사람들은 나에게 성공의 비결에 대해 묻습니다. 그러면 나는 그들에게 이렇게 묻습니다. '왜 당신은 달리지 않았습니까?'라고. 나는 특별한 사람이 아닙니다. 그저 'Can Do,' 즉 할 수 있다는 자신감을 잃지 않았을 뿐이고, 결국 그 마음의 자세가 내 성공의 열쇠였습니다."

이제 더 이상 더 쉽고 빠른 성공 비결을 찾아 헤매지 마라. 성공 비결의 핵심은 바로 꿈을 향한 꾸준한 노력이다.

"한 가지의 길만으로도 목적지에 이르기에는 충분하다. 한쪽 길을 가다가
그만두고, 다른 길로 반쯤 가다가 그만두고 하는 행위는 아무런 진전도
보장할 수가 없다. 하지만 어떤 길이 그대에게 맞지 않을 때는
그것을 과감하게 바꿀 수 있는 용기 또한 살아가는 데 필요하다."

– 바바 하리 다스–

Part **4**

그대는 눈부시지만
나는 눈물 겹다

고비를 잘 견디면 두집는 패가 된다

오르막이 있으면 내리막도 있는 법이다. 그리고 오르막이 높을수록 내리막도 길다. 그런데 대부분의 사람들은 지금의 오르막이 언제까지나 지속될 것이라고 여긴다. 그리하여 오르막이 끝나는 지점을 목전에 두고 포기하고 만다. 반면에 소수의 사람들은 오르막이 끝날 때까지 묵묵히 참고 또 참으며 걷는다. 그들은 포기하지 않고 계속 나아가면 분명 오르막의 끝이 있다는 것을 알고 있다. 그래서 포기하고 싶어도 결코 포기할 수 없는 것이다.

분야를 떠나 모든 성공자들에게는 숱한 시련과 역경이 있었다. 그들은 어떻게 인생의 고비를 견뎌냈을까? 나는 그들에게 그 비결을 물었다. 그러자 그들은 이렇게 답했다.

"이 고비만 잘 넘기면 분명 좋은 날이 있을 것이라는 생각으로 견뎠습니다."

"여러 경험들을 통해 지금의 고비를 잘 견디면 뒤집는 패가 된다는 것을 알고 있었습니다."

"지금 이 고비를 넘지 못하면 더 이상의 발전을 기대할 수 없기에 어떻게 든 이를 악물고 버텼습니다."

성공자들의 대답 가운데 '고비를 잘 견디면 뒤집는 패가 된다' 는 말이 가슴에 꽂혔다. 정말 내가 살아온 인생을 돌아보았을 때 당시에 는 포기하고 싶을 만큼 힘들고 고통스러웠지만 끝까지 버텨냈기에 다 양한 기회들을 만날 수 있었다. 만일 내가 쉽게 포기했다면 지금과 같 은 인생을 살 수 없을 것이다. 나뿐만 아니라 다른 사람들 역시 고비 를 극복함으로써 성숙하고 발전할 수 있었다. 그리고 성숙과 발전은 기회로 이어지는 법이다.

세계 골프계를 평정한 신지애가 있다. 지금의 그녀가 있기까지 무 수히 많은 인생의 고비들이 있었다. 그녀가 중학교 2학년 때 집안 형 편이 어려워져 더 이상 골프 훈련비를 지원해 줄 수 없게 되었다. 마 음 놓고 골프를 연습할 장소가 사라진 것이다.

그러나 그녀는 좌절하거나 방황하지 않았다. 그 대신 고민 끝에 새 벽 6시부터 여러 골프장을 찾아다니며 연습할 기회를 달라고 사정했 다. 그러나 어린 학생을 선뜻 받아주는 골프장은 아무 데도 없었다.

그 과정에서 그녀가 주로 찾았던 골프장 사장이 그녀를 관심 있게 지켜보았고 어린 학생의 끈기와 성실함에 감동한 그는 그녀가 무기한 무료로 연습할 수 있도록 도와주었다. 게다가 전국대회에 출전할 때면 대회 경비까지 대신 내주기도 했다. 어려운 형편 속에서도 골프를 향한 그녀의 강한 열정이 골프장 사장의 마음을 움직인 것이다.

2003년 어느 날, 신지애에게 감당할 수 없는 시련이 찾아왔다. 그녀의 경기를 보러 가던 어머니와 동생들이 교통사고를 당한 것이다. 안타깝게도 그 자리에서 어머니는 세상을 떠나고 말았다.

얼마 후 신지애의 아버지는 그녀의 손에 1,500만 원을 쥐어 주며 말했다.

"네 엄마 목숨과 바꾼 돈이다."

바로 어머니의 사망보험금 중 빚을 갚고 남은 돈이었다. 그녀는 그때 골프에 자신의 목숨을 걸기로 결심했다.

신지애는 휴대전화 바탕화면에 '훈련은 근육의 지능을 만든다' 라는 문구를 저장해놓고 자주 들여다보며 스스로 동기를 부여했다. 그녀는 언젠가는 반드시 자신도 박세리 선수처럼 되겠다는 일념 하나로 최선의 노력을 기울였다. 단 한순간도 연습을 게을리한 적이 없었다.

그런 노력 끝에 신지애는 2005년 아마추어로 국내 대회에서 우승하면서 두각을 나타내기 시작했다. 2006년에는 국내 무대를 석권했고, 2007년에는 국내의 모든 기록을 갈아치웠다. 그리고 2008년 8월

4일 초청선수로 참가한 LPGA 투어 브리티시 오픈에서 첫 메이저 대회 우승의 영광을 안았다. 뿐만 아니라 박세리가 세웠던 대회 최연소 우승 기록을 경신하기도 했다. 2010년 5월 3일에는 아시아인 최초로 여자골프 세계랭킹 1위에 등극해 파이널 라운드의 여왕(파이널 퀸)이 되었다.

　나는 시련과 역경은 성공의 크기에 비례한다고 생각한다. 시련과 역경이 클수록 훗날 거머쥐게 될 성공 역시 창대하다. 반대로 시련과 역경이 작을수록 누리게 될 기쁨 역시 작을 수밖에 없다. 그래서 성공자들은 고비를 만나게 되면 기쁜 마음으로 넘는다. 고비 뒤에 자신을 기다리고 있는 선물이 눈에 선하게 떠오르기 때문이다.

　다음의 할리우드 영화배우들의 공통점은 무엇일까?

　루실 볼 , 게리 쿠퍼, 빌 코스비, 케빈 코스트너, 로버트 드 니로, 로버트 듀발, 클라크 게이블, 메릴린 먼로, 재닛 게이너, 우피 골드버그, 마크 하먼, 더스틴 호프만, 밥 호프, 케이시 케이즘, 마이클 랜던, 소피아 로렌, 메리 타일러 무어, 로널드 레이건, 버트 레이놀즈, 톰 셀렉, 수잰 소머즈, 실베스터 스탤론, 도날드 서덜랜드, 존 웨인(출처:People Entertainment Almanac)

유명 영화배우? 물론 맞는 말이다. 그러나 내가 원하는 답은 아니다. 이들은 모두 엑스트라로 맨 밑바닥에서부터 영화 인생을 시작한 사람들이다. 엑스트라로 시작한 만큼 그들이 넘었을 고비들이 얼마나 많았을까? 그들은 자신의 눈앞에 놓인 고비들을 돌아서 가거나 외면하지 않았다. 오히려 적극적으로 고비를 넘었다. 그리고 오늘과 같은 할리우드 최고의 영화배우가 되었다.

1984년 일본 도쿄에서 열린 국제 마라톤 대회에서 무명의 일본 선수 야마다 모토히치가 우승했다. 무명의 그가 최종 결승점을 통과하자 기자들이 앞다투어 어떻게 훈련했는지, 우승 비결이 무엇인지 질문을 던졌다.

그러자 그는 이렇게 답했다.

"지혜로 우승했습니다."

사람들은 지혜로 우승을 차지했다는 그의 말을 믿지 않았다. 다소 억지스러웠기 때문이다. 그래서 사람들은 분명 그에게는 마라톤을 우승으로 이끈 비결이 있을 것이라고 생각했다.

그로부터 2년 후 이탈리아에서 국제 마라톤 초청 경기가 열렸다. 이때 야마다 모토히치는 일본 대표로 출전해 또다시 우승을 거머쥐었다.

이번에도 기자들은 그에게 소감과 우승 비결을 물었다. 그러자 이번에도 그는 예전과 똑같은 말을 하는 것이었다.

"지혜로 우승했을 뿐입니다."

기자들은 그의 말뜻이 이해가 가지 않았다. 10년 후 사람들은 야마다 모토히치의 우승 비결에 대해 비로소 궁금증을 풀 수 있게 되었다. 그의 자서전에 우승 비결이 적혀 있었기 때문이다.

그는 자서전에서 이렇게 밝히고 있었다.

"매번 시합을 하기 전에 나는 차를 타고 코스를 한 바퀴 둘러본다. 자세히 주위를 살펴보면서 눈에 띄는 표지판과 건물들을 꼭 기억해두었다. 예를 들면 첫 번째 표지는 은행이고, 두 번째 표지는 커다란 나무이며, 세 번째 표지는 붉은 건물…… 이런 식으로 결승 지점까지 눈에 띄는 것들을 기억했다. 경기가 시작되면 100m 달리기의 속도로 첫 번째 표지를 향해 뛰었다. 이렇게 몇 개의 목표로 나눈 다음 나는 40여km를 아주 가볍게 뛰었다.

그러나 내가 처음부터 이런 방법을 시도한 것은 아니었다. 처음에는 40여km 거리에 있는 결승점을 목표로 달렸다. 그 결과 10여km만 가도 힘들어 죽을 것 같았다. 남아 있는 거리가 너무 멀어 거기에 기가 눌렸던 것이다."

인생길에는 수많은 고비들이 기다리고 있다. 이 고비들 앞에서 어떻게 행동하느냐에 따라 미래의 명암이 갈린다. 성공자들은 고비 앞에서 신발 끈을 단단히 묶는다. 그리고 아무리 힘들고 고통스러워도 묵묵히 넘어간다. 그러나 패배자들은 고비 앞에 서면 기가 질려버린다. 그래서 주위를 두리번거린다. 돌아서 갈 길을 찾는 것이다. 그 결과 그들은 과거와 다를 바 없는 인생을 살게 된다.

고비는 보이지 않는 기회와 연결되어 있다. 따라서 고비를 만나면 이렇게 생각하라.

'이 고비를 잘 견디면 뒤집는 패가 된다.'

그대는 눈부시지만 나는 눈물겹다

나는 성공한 사람들을 통해 시련과 역경이 나를 강하게 만든다는 것을 깨달을 수 있었다. 지금은 책을 쓰고 강연을 다니는 나 역시 숱한 시련과 역경에 내몰리곤 했다. 하지만 하나하나의 어려움들과 맞부닥쳐 해결해나가자 생각지도 못했던 기회들이 보이기 시작했다. 그렇게 해서 지금의 내가 될 수 있었다.

지독한 노력으로 자신의 이상을 실현한 고대 그리스의 대웅변가 데모스테네스. 그에게 어떤 시련과 역경이 있었으며, 어떤 노력을 기울였는지 잠깐 살펴볼까 한다.

그는 고대 그리스에서 가장 뛰어난 웅변가였다. 그의 연설문은 아테네의 귀중한 자료로 꼽히는가 하면, 그는 플라톤이나 아리스토텔레스와 동시대의 인물이다. 그는 매우 부유한 가정에서 태어났지만 심각할 정도로 언어장애를 가지고 있었다. 그런데 안타깝게도 일곱 살 때 아버지가 세상을 떠났고 많은 유산을 물려받게 되었다. 하지만 그는 후견인들에게 모든 재산을 빼앗기고 말았다. 결국 그는 스무 살 무렵 빈털터리가 되었다. 게다가 기술도 직업도 없었고 말까지 심하게 더듬었기 때문에 어떤 방면에서도 성공할 가망성은 낮았다.

빈털터리가 된 그는 후견인들의 횡령을 고발하고 싶었지만 당시 사회는 고소 당사자가 직접 대중들 앞에서 연설을 해야만 했다. 그러나 몸이 약한 데다 숫기도 없고 발음까지 부정확한 그로서는 이길 수 없는 싸움이었다.

시간이 지나면서 그는 자신의 약점을 하나씩 극복하기 시작했다. 언어장애를 고치고 남들 앞에서 자신 있게 말할 수 있을 때까지 밖에 나가지 않기 위해 스스로 머리카락을 밀어버렸다. 그리고 지하에 서재를 만들어 수많은 책을 읽고 그곳에서 발성 연습을 했다. 그는 자주 바닷가로 가서 입안에 조약돌을 가득 채워 넣은 다음 파도 소리보다 더 크게 소리치곤 했다. 달리기를 한 뒤 숨이 찰 때는 시를 암송하면서 끊임없이 발성 연습을 했다. 뿐만 아니라 그는 이때부터 웅변술을 익히고 법률과 수사학을 공부하기 시작했다.

죽을힘을 다해 훈련한 그는 드디어 점차 자신감이 생겼다. 그는 후견인들에게 빼앗겼던 재산을 되찾기 위해 민회에서 대중들에게 최초의 연설을 했다. 그러나 긴장한 나머지 연설은 뒤죽박죽이 되어버렸고 청중들로부터 비웃음을 사야 했다. 하지만 상기된 표정으로 무대에서 내려온 그는 여기서 좌절하지 않았다.

그는 지하실에 들어가 다시 맹훈련에 돌입했다. 지독한 훈련을 통해 그의 삶은 점점 달라지기 시작했다. 그는 평소 부족한 언어 구사력을 높이고 충분히 이해하기 위해 《펠로폰네소스 전쟁사》를 무려 여덟 번이나 필사했다. 또, 낮에 한 연설과 대화를 집에 돌아가서 밤늦게까지 다시 검토하며 어색한 부분을 보완했다. 그의 노력은 여기서 그치지 않았다. 그리스의 역사를 모조리 외울 만큼 열심히 공부한 그는 이를 재분류하고 자신만의 시각으로 분석했다. 그리고 역사적으로 자신의 사건과 비슷한 사건들을 연설에 인용했다. 그 결과 그는 사람들이 먼 거리에서도 연설을 듣기 위해 찾아올 정도로 훌륭한 웅변 정치가가 되었다.

심한 말더듬이었던 데모스테네스가 시대를 막론하고 세계적으로 가장 위대한 웅변가이자 정치가가 될 수 있었던 것은 자신에게 주어진 시련과 역경으로부터 달아나지 않았기 때문이다. 오히려 그는 그것을 극복하기 위해 혼신의 힘을 기울였다. 그런 그의 노력이 빛을 발해 로마의 학생들은 웅변교육을 받을 때 반드시 데모스테네스의 연설문을 가지고 공부했다. 그의 심금을 울리는 연설문은 영국의 왕실 및 유럽의 많은 학자들에게 깊은 영향을 주었다.

중국의 영화배우 성룡이 태국을 방문했을 때의 일이다.

성룡이 엘리베이터에서 내리자마자 순식간에 기자들과 팬들이 그를 에워쌌다. 한 기자가 이렇게 물었다.

"성룡 씨, 당신의 성공 비결이 무엇입니까?"

그는 잠시 생각에 잠겼다가 짧게 대답했다.

"바로 노력입니다."

"⋯⋯."

무언가 특별한 비결을 기대했던 기자는 실망스러운 표정을 지었다.

대부분의 사람들이 성공보다 실패와 친숙한 것은 쉽게 포기하기 때문이다. 그들은 될 때까지 해보지 않고 '나는 안 돼' 하고 쉽게 단념한다. 힘들더라도 꾸준히 노력하다 보면 분명 해결책이 보인다. 인생의 성공과 실패는 쉽게 포기하느냐, 계속 도전하느냐에 달렸다고 해도 과언이 아니다.

이시형 박사는 저서 《세로토닌하라!》에서 다음과 같이 말한다.

"성공하는 사람들에게 지성 지수, 감성 지수보다 높게 나타나는 것이 바로 역경 지수다.

역경 지수가 높은 이들의 특징은 이렇다.

첫째, 지금의 역경이나 실패 때문에 다른 사람을 비난하지 않는다. 둘째, 자신을 비난하지도 않는다. 셋째, 지금 이 문제가 언젠가 끝난다는 것과 충분히 헤쳐 나갈 수 있다는 것을 안다. 이러한 역경 지수는 실패를 많이 한 사람일수록 높다.

단, 여기에는 조건이 있다. 역경을 거친다고 무조건 역경 지수가 높아지는 건 아니다. 왜 실패했는지 진지한 자기 성찰과 겸손을 통해 배울 수 있어야 한다. 그래야 다시 일어설 수 있는 힘이 길러지는 것이다."

이시형 박사는 또 이렇게 말한다.

"작은 실패와 좌절이 사람을 강하게 만든다. 작은 실수가 저항력과 복구력을 길러주기 때문이다. 순풍만선(順風滿船)만이 능사는 아니다. 때론 역풍도 풍랑도 만나야 강해질 수 있고, 그래야 어떤 역경도 이겨낼 수 있다."

'동화의 아버지', '어린이들의 영원한 친구' 안데르센이 있다. 현재 세계적인 동화작가로 칭송받지만 과거의 그는 가난으로 점철된 삶을 살았다. 그러나 그는 꿈을 향한 노력으로 한 편의 동화 같은 인생을 창조할 수 있었다.

그는 덴마크의 오덴세에서 태어났다. 어릴 때 그의 꿈은 유명한 사람이 되어 모두에게 환영받는 존재가 되는 것이었다. 그러나 그것은 한낱 그의 소망이었을 뿐 현실은 그렇지 않았다. 가난한 그가 당시에 가질 수 있었던 꿈은 오페라 가수나 배우가 되는 것뿐이었다. 그런 그에게 어머니는 기술을 배우라고 말했지만 그는 꿈을 포기하지 않았다.

그는 열다섯 살 때 배우가 되기 위해 코펜하겐으로 갔다. 하지만 그는 꿈을 이루지는 못했다. 그 대신 왕립극장 단장이자 평생의 은인인 요나스 콜린의 도움으로 코펜하겐대학에서 공부할 수 있는 기회를 얻었다.

그는 대학 시절부터 글을 쓰기 시작했다. 그러나 그가 쓴 글은 그 누구의 이목도 끌지 못했다. 그는 사람들이 자신의 작품을 알아주지 않아도 용기를 잃지 않고 묵묵히 글쓰기에 집중했다. 그런 꾸준한 노력 끝에 동화《미운 오리 새끼》,《벌거숭이 임금님》,《인어공주》 등을 발표해 마침내 세계적인 베스트셀러 동화작가가 되었다.

그는 이런 말을 남겼다.

"내 인생은 한 편의 멋진 이야기다. 그 어떤 착한 요정이 나를 지켜주고 안내했다 하더라도 지금보다 더 좋은 삶을 살지 못했을 것이다."

근면과 노력으로 이룰 수 없는 일은 없다. 성공한 사람들은 "힘이 아니라 끈기, 집념이 위대한 일을 성취시킨다."라고 말한다. 그렇다. 끈기, 이것은 천고에 걸쳐 변치 않는 성공의 비결이다.

때로 그만 포기해버리고 싶을 때 프랑스의 철학자 알랭의 말을 기억해보라.

"다리를 움직이지 않고는 좁은 도랑도 건널 수 없다. 소원과 목적은 있으되 노력이 따르지 않으면 아무리 환경이 좋아도 소용이 없다. 비록 재주가 뛰어나지 못하더라도 꾸준히 노력하는 사람은 반드시 성공을 거두게 된다."

성공자들의 현재 모습만 보면 눈부시다. 하지만 그들이 지나온 길을 보면 무수히 많은 눈물 자국이 찍혀 있다. 그 눈물 자국이 지금의 멋진 인생을 만든 것이다.

지금 성공을 향해 나아가는 당신은 눈물겹다. 아니, 눈물겨워야 맞다. 눈물겹지 않고선 절대 눈부신 미래를 맞이할 수 없기 때문이다.

인생은 한 권의 책이다, 그대는 책을 쓰고 있다

살다 보면 한두 번 힘든 일에 맞닥뜨리는 것이 아니다. 오랜 기간 동안 공들였던 노력이 수포로 돌아가기도, 성공을 목전에 두고서 아깝게 실패하기도 한다. 그럼에도 툭툭 털고 일어나 다시 시작해야 하는 것이 인생이다.

나는 인생은 한 권의 책이라고 생각한다. 이야기 속에서 주인공이 아무런 어려움 없이 승승장구하거나 성공한다면 별 감흥을 느끼지 못한다. 그래서 나는 시련과 역경이 닥치면 더 나은 책을 쓰기 위한 장치라고 여긴다. 어려움이 닥치면 '지금보다 더 멋진 인생을 위해 필요한 장치야'라는 생각으로 어려움을 극복하기 위해 노력한다.

세상에는 숱한 어려움들을 극복하고 성공을 일군 사람들이 수없이 많다. 그중에 변호사 장승수가 있다. 나는 종종 학생들을 대상으로 특강을 할 때면 '막노동꾼', '물수건 배달', '택시 기사' 등의 일을 하다가 '서울대 수석'으로 유명해진 장승수에 대한 성공 스토리를 예로 든다. 그는 누구보다 실패를 많이 한 사람이다. 그러나 그는 인생을 포기하지 않고 독하게 노력한 끝에 마침내 고등학교 졸업 6년 만에 서울대 법학과에 수석 입학했다. 그리고 그는 자서전《공부가 가장 쉬웠어요》로 베스트셀러 작가의 반열에 오르기도 했다.

지금 그는 사법연수원을 거쳐 변호사로서 성공한 인생을 살고 있다. 그런 그에게도 과거 불행했던 기억이 있다. 그는 가난한 집안 형편 때문에 대학은 아예 꿈도 꾸지 못했다. 이루고 싶은 꿈이 없으니 공부와 자연히 멀어지게 되었다. 그러다 보니 자연히 엉뚱한 길로 빠졌다.

고등학교 마지막 해 여름. 장승수는 어느 때보다도 보충수업과 자율학습이 지겹고 힘들게만 느껴졌다. 그는 보충수업과 자율학습을 피하기 위해 국비 직업훈련 과정에 들어가 포클레인 기술을 배웠다. 하지만 졸업 후 치른 포클레인 실기 시험에서 떨어지고 말았다. 그 후 그는 오락실에서 아르바이트를 하거나 신문 배달, 물수건 배달 등을 했다.

장승수는 매일 밤 친구들과 어울려 술을 마시거나 오토바이를 타고 어울려 다녔다. 그러던 어느 날 문득 이런 생각이 들었다.

'만일 지금 이대로 생활한다면 5년 후, 10년 후 나의 미래는 어떨까?'

그는 고민 끝에 더 이상 아무런 꿈도 없이 살아선 안 되겠다고 결심했다.

"다시 공부를 하는 거야. 늦었다고 생각할 때가 가장 빠른 법이라는 말도 있잖아."

그렇게 해서 그는 오로지 '공부'에 열중했다. 고등학교를 졸업한 지 1년 만의 일이었다.

그러나 열심히 공부했지만 기본기가 충실하지 않은 탓에 고려대 정치외교학과와 서울대 정치학과 등에 지원했다가 떨어지고 말았다. 하지만 그는 절대 포기하지 않았다.

장승수는 다시 일과 함께 공부를 시작했다. 더욱 무섭게 공부에 전념했다. 그리하여 1996년 1월, 서울대 인문계열에 수석 합격하는 기쁨을 안았다.

많은 사람들이 장승수의 성공 스토리에 박수를 보내는 것은 그의 성공이 멋지기 때문만은 아니다. 가난한 현실 속에서도 자신의 길을 찾아 꾸준한 노력을 기울인 것에 감동을 받기 때문이다.

요즘 거리를 지나다니다 보면 누구나 명품 가방 하나씩은 들고 다닌다. 왜 사람들은 고가의 명품 가방을 들고 다니는 걸까? 한 TV 프로그램에서 기자가 사람들에게 명품 가방을 들고 다니는 이유를 물었다. 그러자 사람들은 "자신을 바라보는 다른 사람의 눈길이 느껴져서"라는 답을 가장 많이 했다. 사람들이 고가에도 명품을 사는 이유는 최고의 제품이기 때문이다. 명품은 결코 그냥 만들어지지 않는다. 장인의 섬세한 손길과 뜨거운 열정이 더해져 만들어진다. 여기에다 제품의 성능과 브랜드, 가격, 이미지 등 여러 마케팅 변수들이 모여서 명품이 완성된다.

명품 가방이 그냥 만들어지지 않듯이 명품 인생 역시 쉽게 완성되지 않는다. 꿈과 목적을 향해 나아가는 과정에서 숱한 시련과 역경이라는 망치질을 당해야 한다. 그런 가운데 차츰 거칠고 투박하던 인생이 매끄럽게 다듬어지고 빛이 나게 된다.

김희경은 저서 《내 인생이다》에서 이렇게 말한다.

"꿈을 좇아 삶의 방향을 튼 사람들에게서 종종 드러나는 어떤 공통점을 그에게서도 발견할 수 있었다. 첫째는 꿈을 향해 좋은 뜻을 품고 일을 저지르면 마치 자신이 다가오기를 기다리던 보이지 않는 손이라도 있는 것처럼 주변에서 도와주게 되어 있다는 것. 둘째는 남의 눈에 파격적으로 비쳐지는 인생 전환도 들여다보면 결국은 자기 안에, 때로는 스스로도 있는지조차 몰랐던 씨앗에서 싹이 터 이루어진 결과라는 것이다. 어떤 분야에 도전을 하건 한 사람이 지금까지 살아오면서 겪었던 경험들이 다 쓰이고 결국에는 도움이 되었다."

그렇다. 꿈을 향해 나아가는 과정에서 겪는 경험들은 다 요긴하게 쓰인다. 당장은 실패라는 생각에 그 경험이 원망스럽겠지만 시간이 지나면 더 잘할 수 있게 해주는 참고자료가 된다. 그래서 쓰라린 실패들이 마침내 성공으로 연결된다.

'피겨 퀸' 김연아가 있다. 그녀는 2008년 3월, 스웨덴 예테보리에서 열린 세계 피겨 스케이팅 선수권대회에서 아쉽게도 동메달을 목에 걸어야 했다. 부상당하기 전 그녀의 목표는 우승이었다.

김연아는 대회가 있기 전 캐나다 크리켓클럽 빙상장에서 훈련을 하던 중 왼쪽 고관절 부위의 통증으로 4대륙 대회 출전을 포기해야 했다. 뿐만 아니라 대회가 코앞으로 다가오는데 통증에다 훈련 시간마저 부족해 어려움을 겪기도 했다.

김연아는 오전 훈련이 끝나는 아침 9시부터 오후 훈련이 시작되는 밤 10시 30분까지 꼬박 재활치료를 받고 있는 답십리 하늘스포츠의학 클리닉에 묶여 있었다. 그리고 아침 훈련을 마친 뒤 곧장 병원으로 달려가 재활치료와 동시에 웨이트 트레이닝까지 함께 병행하며 밤 훈련에 임했다. 고관절 부상 치료와 함께 세계선수권 대비 훈련을 위해 그녀는 오전 7시~9시 사이에 두 시간, 밤 10시 30분~11시 30분까지 한 시간, 도합 세 시간을 빙판 위에서 보냈다. 부상을 당하기 전에는 오전과 오후를 나누어 각각 세 시간씩 도합 여섯 시간 이상을 훈련했던 김연아였다. 부상 때문에 정상적인 훈련 시간을 모두 소화할 수 없는 탓이었다. 스케이팅 훈련은 세 시간으로는 턱없이 부족했다.

엎친 데 덮친 격으로 그녀가 훈련하고 있는 잠실 롯데 아이스링크장에서 더 이상은 훈련 시간을 내줄 수 없다고 통보했다. 울며 겨자 먹기로 그녀는 주어진 세 시간 동안 전력을 다해 실력을 가다듬을 수밖에 없었다.

김연아는 부족한 훈련 시간을 메우기 위해 현 훈련장에 도움을 청했다. 그러나 이미 아이스링크장 대관 일정이 모두 짜여 있는 탓에 그녀는 훈련을 더 하고 싶어도 더 할 수가 없었다. 당시 그녀가 캐나다 토론토를 전지훈련지로 택한 것은 한국에는 자유롭게 스케이팅 훈련을 할 마땅한 장소가 없었기 때문이다.

그러나 세계선수권대회를 1개월 보름여 앞두고 당한 고관절 부상으로 모든 계획을 수정해야 했다. 이런 불운에도 불구하고 김연아는 여자 싱글 프리스케이팅에서 좋은 동작을 선보이며 1위를 차지해 쇼트프로그램과 합계해 동메달을 획득하는 기쁨을 안았다. 또, 그녀는 올림픽과 세계선수권대회 정상에 등극함으로써 그야말로 세계적인 '피겨 퀸'이 되었다.

모든 과정은 꿈과 이어지기에 최선을 다해야 한다. 그런데 사람들

중에 꿈이 없거나 진정으로 자신이 원하는 것이 무엇인지 알지 못하는 사람도 있다. 이런 사람은 알맹이 없는 쭉정이 같은 인생을 살게 된다. 그렇다면 자신이 진정으로 원하는 일을 찾으려면 어떻게 해야 할까? 최준영 올리버 선박학교 교장은 김희경의 《내 인생이다》에서 이렇게 말한다.

"하고 싶은 일을 찾을 때 일단 아닌 것부터 걸러내는 방식으로 시도해보는 것도 좋다고 봐요. 아닌 걸 붙들고 계속 아닌 이유와 갈등하면 시간만 죽이는 거니까. 저는 처음부터 하고 싶은 단 하나의 일을 찾으려고 고민하기보다 '하고 싶지만 안 하는 게 좋은 일', '할 수는 있지만 꼭 내가 하지 않아도 될 일' 이렇게 분류하면서 생각의 가지를 쳐냈어요. 그중에서 한두 개를 정한 다음 준비할 시간이 얼마나 걸리는지 따지다 보면 내게 맞지 않는 대안이 다 떨어져 나가요. 그러다 보면 내가 잘할 수 있을 것 같고, 스스로 지어내서라도 사명감을 가질 수 있을 것 같고, 남들에게 이득도 줄 수 있을 만한 일들이 남는 거죠."

인생은 한 권의 책이다. 최고의 베스트셀러를 쓰기 위해 노력해야 한다. 그러기 위해선 이루지 못한 채 눈을 감는다면 후회되는 그런 간절한 꿈을 가져야 한다. 그리고 그 꿈을 이루기 위해 하루하루 완전 연소하며 살아야 한다.

모든 과정은 반드시 꿈과 이어져 있다. 지금 당신이 보내고 있는 나날들은 꿈을 구성하고 있는 작은 퍼즐 조각이다. 따라서 힘들더라도 눈부신 인생을 위해 고군분투해야 한다. 때로 힘에 부쳐 모든 것을 내려놓고 싶어질 때가 있다. 그런 순간, 당신은 '인생'이라는 베스트셀러를 쓰는 작가임을 기억해야 한다.

실패는 있어도 좌절은 없다

나는 그동안 수많은 성공자와 패배자들을 만나고 상담해 왔다. 그들을 통해 성공자와 패배자 사이에는 결코 거리를 좁힐 수 없는 차이점이 있다는 것을 알 수 있었다.

성공자의 마인드

① 확고한 꿈과 목표를 가지고 있다.

② 자신의 꿈과 목표가 반드시 실현된다고 믿는다.

③ 남들의 부정적인 이야기에 휘둘리지 않고 꿈과 목표를 이루기 위해 묵묵히 행동으로 옮긴다.

④ 실패를 실패로 보지 않고 성공으로 가는 과정이라고 여긴다.

패배자의 마인드

① 꿈과 목표가 없거나 두루뭉술하다.

② 꿈과 목표가 실현되지 않을 수도 있다고 생각한다.

③ 남들의 부정적인 이야기에 쉽게 휘둘린다.

④ 실패를 겪을수록 자신에게 꿈과 목표를 이룰 능력이 부족하다고 여긴다.

어느 분야에서건 성공한 사람들에게선 위에서 말한 성공자의 네 가지 마인드를 찾을 수 있다. 반면에, 패배자들에게는 어김없이 네 가지의 실패 마인드가 있다. 이것이 그들을 성공자와 실패자로 가른다.

무려 5,216번이나 실패했다가 성공한 입지전적인 인물이 있다. 바로 청소기를 만드는 영국 다이슨 사 창업자이자 현재 회장인 다이슨이다.

영국 왕립예술대학 출신의 디자이너였던 다이슨은 젊은 시절 수륙양용차와 정원용 수레 디자인으로 각종 디자인상을 휩쓸며 능력 있는 디자이너로서 입지를 굳혀나갔다. 그러던 중 1979년 어느 날, 그는 집에서 청소를 하다가 청소기가 자꾸 막히고 흡입력이 떨어지는 데 불만이 생겼다. 그는 그 이유가 먼지봉투가 막혀 있기 때문이라는 것을 알았다.

그때부터 그는 먼지봉투가 필요 없는 청소기 개발에 몰입했다. 그러나 그렇게 시작된 그의 도전은 생각처럼 쉽지 않았다. 무려 15년 동안이나 개발이 이어졌던 것이다. 다이슨은 시제품을 만드는 과정에서 5,216번이나 실패하고 5,217번째 시제품에서 성공했다. 물론 그가 가지고 있는 전 재산을 쏟아부은 결과였다. 당시 그가 먼지봉투가 필요 없는 청소기 개발에 매달릴 때 주위 사람들은 허송세월한다며 비아냥거리곤 했다. 하지만 끝까지 포기하지 않은 그의 도전정신이 빛을 발했다.

그가 세운 다이슨 사는 진공청소기로 2008년 영국과 미국 등 선진국 시장에서 판매 1위를 차지하며 매출 1조 4,000억 원을 넘어서는 기염을 토했다.

다이슨 회장은 직원들에게 이렇게 말한다.

"계속해서 실패하라. 그것이 성공에 이르는 길이다. 진공청소기를 시장에 내놓기까지 5년 동안 5,217개의 모형을 만들었다. 완성품 이전의 것을 모두 오류라고 본다면 5,216개의 모형을 실수로 볼 수도 있다. 실수나 실패는 발견에 한 발짝씩 다가가는 과정이므로 성공만큼 값지다."

《돈키호테》를 쓴 세르반테스. 그는 작가가 될 때까지 숱한 시련과 역경의 세월을 보내야 했다. 가난한 집에서 자란 그는 교육도 제대로 받지 못했는가 하면, 24세 때는 페판트의 해전에 참전해 왼쪽 팔에 상처를 입고 불구가 되기도 했다. 28세 때는 말레이의 포로가 되어 5년 동안이나 고생했다. 그는 38세 때부터 본격적으로 희곡을 썼지만 전혀 팔리지 않아 극심한 생활고를 겪어야 했다. 그러다 그는 생활고에서 벗어나기 위해 징수원이 되어 지방으로 돌아다니는 신세가 되었다. 하지만 영수증을 잘못 발행하는 바람에 감옥에 가기도 했다.

세르반테스는 이런 시련과 역경 속에서도 묵묵히 옥중에서 글을 써나갔다. 그리하여 마침내 1605년 《돈키호테》를 완성할 수 있었다. 당시 그의 나이가 58세였다. 그렇게 세상에 나온 《돈키호테》는 세르반테스에게 스페인이 낳은 가장 위대한 소설가이자 극작가, 시인이라는 칭호를 안겨주었다. 《돈키호테》는 현재 60여 개 언어로 완역 또는 번역되어 꾸준히 읽히고 있다.

만일 세르반테스가 시련과 역경을 극복하지 못했다면 《돈키호테》는 결코 세상에 나오지 못했을 것이다. 당연히 지금 우리는 세르반테스가 누군지도 알지 못할 것이다. 그가 세계적인 작가의 반열에 오를 수 있었던 것은 숱한 어려움들을 자신이 바라는 것을 얻기 위한 하나의 과정으로 여겼기 때문이다.

마흔 살, 이혼 후 빈털터리의 신세에서 지금은 핑크벤츠를 타는 메리케이 코스메틱의 내셔널 세일즈 디렉터(NSD) 정은희가 있다. 그녀의 저서 《오늘도 나에게 박수를 보낸다》를 읽고서 그녀의 성공 스토리가 그 어떤 영화보다 감동적이라고 느꼈다.

책에서 그녀는 이혼 후 남은 재산이라곤 지방 도시인 청주의 소형 임대아파트의 겨우 몸을 뉠 공간, 그리고 지갑에 든 단돈 3만 원이 전부였다고 고백한다. 가진 돈을 모두 털어 로또를 사보기도 하고 죽음을 생각해보기도 할 정도로 비참한 시간을 보냈다. 그러나 어느 날 더 이상 내려갈 바닥이 보이지 않는다고 생각한 순간, 그녀는 빈털터리에 전문기술 하나 없는, 평범하기 짝이 없는 자신에게 있는 것들이 보이기 시작했다. 그녀는 건강하고 활동적인 여성에 게다가 싱글이었다. 어릴 적 미술에 재능을 보였고 색감이 뛰어나다는 소리를 듣곤 했으며, 화장법을 따로 배우지 않았는데도 세련되고 자연스럽게 화장한다는 소리를 들은 적이 많았다. 우여곡절 끝에 그녀는 전 세계에서 백만장자 여성을 가장 많이 배출해낸 회사라는 메리케이 사에서 활동하게 되었고, 수억대 연봉을 받는 성공자 위치에 올랐다.

현재 정은희는 100여 명의 세일즈 디렉터(관리자급)들과 수천 명의 뷰티 컨설턴트(판매사원)들을 이끄는 NSD(내셔널 세일즈 디렉터, 판매이사급)로 또 다른 꿈을 향해 매진하고 있다.

물론 그녀에게도 순간순간 힘든 시간들이 많았다. 힘들수록 그녀는 자신의 꿈을 생생하게 상상하면서 버텨냈다. 당시 그녀를 일으켜 세워주고 앞으로 나아가게 했던 것은 시각화였다. 자신이 원하는 것을 마치 가진 것처럼 생생하게 상상하는 기법이다.

그녀는 저서에게 이렇게 말한다.

"나는 틈만 나면 모델하우스를 구경하러 다녔다. 모델하우스는 늘 최상의 인테리어와 최신형 가구들로 스타일리시하게 채워진다. 나는 마치 당장이라도 집을 살 것처럼 이것저것 살피며 당당하게 집을 구경했다.

'그래, 나도 이 평수의 집을 사면 이런 가죽 소파 하나 놓자. 맞아, 그냥 가죽 소파만 놓는 것보다는 이렇게 앤티크 의자를 같이 매치해 놓으면 좋겠네.'

나는 모델하우스가 나의 꿈을 시각화해서 보여주는 것이라고 생각했다. 꿈을 시각화하면 힘겨운 과정들은 고생이 아니라 그저 에피소드가 된다. 일에 지쳐 힘이 들 때도, 고객들의 거친 반응에 맘이 상할 때도 나는 모델하우스를 찾아가 마음을 달래곤 했다.

꿈을 시각화하는 과정을 통해서 나는 성공의 로드맵을 그릴 수 있었고, 꿈처럼 이를 현실로 이룰 수 있었다."

그녀는 시각화를 통해 얻은 자신감으로 매년 두 배 평수의 아파트로 이사를 갔다고 고백한다. 처음 11평에서 23평으로, 23평에서 다시 34평으로, 34평에서 70평으로. 이는 불과 3년이 채 되지 않는 시간 동안에 일어난 기적 같은 일들이었다.

실패를 실패로 여겨선 안 된다. 실패는 '안 되는 이유'와 자신의 부족한 점을 깨닫게 해주는 일종의 힌트와 같다. 그래서 성공자들은 실패에 대해 부정적인 생각을 가지지 않는다. 오히려 실패에 익숙하다. 실패를 통해서만이 '잘되는 방법'을 찾을 수 있기 때문이다.

나이가 젊을수록 실패에 대해 불안한 두려움을 갖는다. 그 이유는 다음과 같은 두 가지 심리 때문이다.

① 주위 사람들의 비난과 조롱에 대한 두려움
② 실패가 자신의 무능력을 나타낸다고 믿는다.

누구나 이런 심리를 가지고 있다. 따라서 실패에 대해 불안과 두려움을 가지는 것은 당연하다고 볼 수 있다. 젊다는 것은 그만큼 인생 경험이 부족하다는 것이다. 그러니 성공하고 싶다면 인생 경험, 즉 실패 경험을 많이 쌓아야 한다. 성공자들은 쓰라린 실패의 경험을 통해 한층 성숙하고 발전했다는 것을 잊어선 안 된다.

헝가리의 축구 영웅인 페렌츠 푸스카스는 우승 비결을 이렇게 말했다.

"나는 많은 시간 축구를 한다. 공을 찰 수 없을 때는 축구에 대해 이야기한다. 축구에 대해 이야기하지 않을 때는 축구에 대해 생각한다."

성공한 사람들은 눈부시지만 그대는 눈물겹다. 그럼에도 그대의 인생은 멋지고 아름답다. 간절히 원하는 만큼, 포기하지 않고 도전하는 만큼 성공의 파이가 커지기 때문이다. 마지막으로 다이슨 회장의 "계속해서 실패하라, 그것이 성공에 이르는 길"이라는 말을 기억해 보자.

청춘의 모퉁이에서 롤모델을 만나라

어느 정도 자신의 위치에 오른 사람들에게는 공통점이 있다. 바로 자신이 닮고자 하는 롤모델이 있다는 것이다. 사실 자신의 분야에서 성공하는 일은 고독하고 외로운 일이다. 그래서 앞을 향해 치열하게 달려가다가도 때로 막막한 미래로 인해 불안감에 휩싸이기도 한다. 이때 많은 사람들이 도중에 포기하거나 방황하게 된다.

인생길에서 흔들리지 않기 위해선 롤모델이 반드시 필요하다. 롤모델이 있을 때 내가 제대로 가고 있는지 알 수 있을 뿐 아니라 외롭고 힘들 때 많은 동기부여가 된다. 특히 힘든 순간이 닥칠 때 롤모델의 인생 역정을 통해 '그분도 시련과 역경을 극복하고 성공했으니 나도 꼭 이겨내야지'라는 용기를 가질 수 있다.

프로골퍼 양용은이 있다. 그가 2009년 타이거 우즈를 이기고 미국 PGA 챔피언십에서 우승할 수 있었던 것은 자신의 롤모델 최경주가 있었기에 가능했다. 김광호는 저서 《영웅의 꿈을 스캔하라》에서 양용은이 세상에 자신의 존재를 드러낼 수 있었던 것에 대해 다음과 같이 말한다.

"'바람의 아들' 양용은은 단 한순간도 '코리아 탱크'를 가슴에서 놓아본 적이 없다. 자신도 언젠가는 최경주 선배처럼 우승컵을 번쩍 들어 올릴 날이 있을 것이라고 굳게 믿었다. 그리고 마침내 그 상상을 현실로 만들었다. 양용은과 그의 영웅 최경주는 닮은 점이 많다. 최경주는 한국인 최초 PGA(미국프로골프) 투어 카드 획득을 비롯해 아시아인으로서 PGA 투어 역대 최다승을 거뒀다. 양용은은 아시아인 최초로 PGA 메이저대회 챔피언에 등극했다. 이뿐만이 아니다. 최경주는 중학교 때만 해도 역도 바벨을 잡다가 고등학교에 들어가서야 본격적으로 골프를 시작했고, 양용은 또한 고등학교 졸업을 앞두고 우연한 기회에 골프 연습장에서 일을 하게 되면서 골프와 인연을 맺었다. 다른 프로골퍼들에 비해 모두 늦은 시작이었다. 양용은에게 있어 자신과 닮은 점이 많은 최경주의 행보는 선수생활을 하는 데 많은 자극제가 되었다. 어렸을 때는 물론 결혼 후에도 경제적으로 많이 힘들었던 양용은이 선수생활을 포기하지 않았던 이유는 한국인 최초로 거침없이 PGA 무대를 누비는 최경주가 있었기 때문이다."

만약에 골프계에 최경주가 없었거나 양용은이 최경주를 롤모델로
설정하지 않았다면? 어쩌면 지금의 그는 없을지도 모른다. 분야를 막
론하고 지금보다 더 잘하기 위해선 롤모델이 필요하다. 나는 롤모델
이 걸어온 행보대로 답습만 해도 어느 정도 위치에 오를 수 있다고 생
각한다.

지인 가운데 대기업 S사 과장으로 있는 K가 있다. 그는 자신의 롤
모델로 방송인 손석희를 꼽는다. 그는 그 이유를 이렇게 설명한다.

"모순되고 불합리한 사회에 맞서 일침을 가하는 손석희의 자신감과 용기
를 닮고 싶다. 무엇보다 아나운서, 교수 등 직업이 무엇이건 어느 자리에
있건 하고 싶은 얘기를 당당히 하는 그를 보며 자신감을 얻는다. 나도 손
석희처럼 어떤 직함이 붙든 다른 사람들에게 내 목소리를 내는 사람으로
비쳐지고 싶다."

부산 시내에서 의류점을 하는 P는 자신의 롤모델로 '철강왕' 앤드
루 카네기를 꼽았다.

"정규교육을 받지 못할 정도로 가난했던 어린 시절을 딛고 철강왕으로

불리기까지 그는 최선을 다해 일했다. 그 결과 훗날 세계적인 부자가 되었음에도 '부자로 죽는 것은 정말 부끄러운 일이다' 라며 재산의 90%를 기부한 자선 사업가이기도 하다. 그는 내가 가야 할 길을 인도해주는 멘토라 할 수 있다."

롤모델의 중요성은 아무리 강조해도 지나치지 않는다. 성공하고 싶다면 가장 먼저 확고한 꿈과 함께 닮고 싶은 롤모델을 설정해야 한다. 이 두 가지를 빠뜨리고선 성공하기가 쉽지 않다.

피겨선수 김연아와 프로골퍼 양용은, 이 책의 저자인 나를 비롯해 배우 정석원에게는 다음과 같은 롤모델이 있었다.

① 김연아의 롤모델 → 미셸 콴
② 프로골퍼 양용은의 롤모델 → 최경주
③ 동기부여가 권동희의 롤모델 → 오프라 윈프리, 브라이언 트레이시, 버락 오바마
④ 배우 정석원의 롤모델 →무술감독 정두홍

지금의 그들을 만든 것은 롤모델이라고 할 수 있다. 그들은 롤모델로부터 끊임없이 자극을 받았고 그 결과 그만큼 성장할 수 있었던 것이다. 그래서 나는 사람들에게 롤모델을 찾아야 한다고 조언한다. 롤

모델을 찾는 데 있어 책보다 더 유용한 것은 없다. 자신의 분야에서 성공한 사람들의 성공 스토리를 읽다 보면 '나도 저분처럼 되어야겠다'는 열망에 휩싸이게 되기 때문이다. 자신의 가슴을 뛰게 하는 인물을 롤모델로 삼으면 된다.

책보다 더 강력한 영향력을 미치는 것은 없다. 그래서일까, 대부분의 성공자들은 어려서부터 책을 가까이했던 책벌레들이다. 그들은 공부는 소홀히 했어도 절대 독서만큼은 게을리하지 않았다. 그들은 책 속에서 꿈과 비전을 찾았고 끊임없는 도전을 통해 마침내 원하는 인생을 창조할 수 있었다.

책은 사람뿐만 아니라 대학까지 삼류에서 일류로 거듭나게 한다. 미국 중부 명문대학인 시카고대학 역시 책을 통해 지금처럼 명문대학이 될 수 있었다.

시카고대학은 초창기 별 볼일 없는 대학에 불과했다. 대부분의 학생들은 패배주의와 열등의식으로 가득 차 있었다. 그러나 로버트 허친슨 박사가 총장으로 부임하고서부터 달라지기 시작했다.

새로 부임한 로버트 허친슨 총장은 어떻게 하면 학생들에게 자긍심을 심어줄 수 있을까, 하고 고민했다. 학생들의 마음속에 가득 차 있는 패배주의와 열등의식을 몰아내고 자긍심을 심어준다면 훗날 그들 가운데에서 세계를 움직이는 위대한 인물이 배출되리라 확신했다.

그는 고민 끝에 한 가지 해결 방안을 찾아냈다. 학생들에게 훌륭한 인물들을 직접 만날 수 있는 기회를 제공해야겠다고 생각했다. 그래서 그는 'The Great Book Program'이라는 프로그램을 만들었다.

그는 학생들에게 책을 통해 위대한 인물을 만나게끔 해주었다. 이 프로그램은 100권의 고전을 학생들에게 소개해주고 졸업 때까지 100권의 책을 읽게 만든 프로그램이다. 그리고 총장은 책을 읽되 세 가지 과제를 안고 읽도록 했다.

첫째, 모델을 정하라: 너에게 가장 알맞은 모델을 한 명 골라라.

둘째, 영원불변하는 가치를 발견하라: 인생의 모토가 될 수 있는 가치를 발견하라.

셋째, 발견한 가치에 대해 꿈과 비전을 가져라.

이 대학 학생들의 지적인 능력은 미국의 하버드대나 예일대 학생들이 60~70%에 불과했다. 하지만 그들은 'The Great Book Program'을 통해 책 속에서 다양한 모델을 만나면서 고귀한 가치를 발견하고, 꿈과 비전을 향해 나아갈 수 있었다. 그 결과 그들 가운데 자신의 분야에서 최고가 된 사람들이 헤아릴 수 없이 많은가 하면, 시카고대학은 현재까지 72명의 노벨상 수상자를 배출한 위대한 대학으로 거듭나게 되었다.

'사람은 책을 만들고 책은 사람을 만든다'는 말이 있다. 이 말을 곰곰이 생각해보면 책 속에 롤모델이 담겨 있기 때문에 책이 사람을 만든다는 것을 알 수 있다. 그래서 성공자들은 결코 책을 손에서 놓는 법이 없다.

서강대 영문학 교수이자 《문학의 숲을 거닐다》의 저자인 고(故) 장영희 교수에 관한 일화다. 롤모델에 대해 많은 것을 생각하게 하는 일화여서 소개한다.

하루는 한 학생이 장영희 교수에게 물었다.

"선생님, 인생 성공 단십백이 뭔지 아세요?"

장영희가 모른다고 하자 학생이 이렇게 말했다.

"한평생 살다가 죽을 때 한 명의 진정한 스승과 10명의 진정한 친구 그리고 100권의 좋은 책을 기억할 수 있다면 성공한 삶이래요."

당신의 롤모델은 누구인가? 롤모델을 생각했을 때 가슴이 뛰는가? 그렇지 않다면 만사 제쳐두고 가슴을 뛰게 하는 롤모델을 찾아보라. 롤모델 없이는 결코 멀리 갈 수 없다는 것을 기억하라.

"똑같은 바람으로도 어떤 배는 동쪽으로 향하고 어떤 배는 서쪽으로
향한다. 중요한 것은 바람이 아니라 돛이다.
인생을 여행하는 일도 같은 이치다. 그 방향을 결정하는 것은
평화나 전쟁이 아니라 바로 당신의 의지다."

−윌콕스−

Part 5

기억하라, 청춘은
눈부시게 아름답다

세상살이가 더 힘든 이유

세상은 갈수록 살기가 팍팍해지고 있다. 어느 분야건 최고가 아니면 성장은커녕 생존하기조차 힘들어졌다. 이처럼 힘든 가운데 많은 사람들이 자신을 더욱 힘들게 하는 것이 있다. 바로 '타인과의 비교'에서 오는 좌절감이다.

"친구는 키도 크고 예쁜데 나는 뭐야?"

"친구는 한 번에 입사에 성공했는데 매번 미끄러지는 나는 뭐야?"

"누구는 부모님이 차도 사 주셨는데 나는 뭐야?"

이런 비교가 지친 나를 더욱 주저앉게 만든다는 사실을 아는가. 안타깝게도 대부분의 청춘들은 자신을 힘들게 하는 것이 자신을 제대로 뒷받침해주지 못하는 부모와 사회라고 말한다. 자신이 앞을 향해 나아가지 못하게 발목을 잡는 것은 그 누구도 아닌 본인이라는 것을 자각하지 못한다.

타인과 비교하는 것은 좌절의 늪에 빠지는 것과 같다. 비교를 거듭할수록 좌절하고 절망의 늪에 빠져들게 된다. 그래서 지금보다 더 나은 미래를 갈망하는 사람은 가장 먼저 타인과 자신을 비교하는 일을 그만두어야 한다. 그래야 자신의 잠재력과 나아가야 할 방향이 비로소 드러나기 때문이다.

사람은 누구나 자기 자신을 타인과 비교하게 마련이다. 세계적으로 성공한 이들도 예외는 아니다. 미국의 첫 흑인 대통령 버락 오바마. 그도 10대 시절, 어머니의 이혼과 가난으로 힘들어할 때 자주 또래의 친구들과 자신의 처지를 비교하며 좌절하곤 했다. 10대 시절 오바마의 어머니는 새아버지와 이혼하고 동생 마야와 함께 하와이로 돌아왔다. 그때 오바마는 할아버지의 아파트를 나와 푸나호우 학교에서 한 블록 떨어진 작은 아파트에서 어머니, 여동생 마야와 함께 생활하게 되었다.

어머니는 곧 하와이대학교에서 인류학을 공부하면서 연구원으로 근무했다. 어머니의 장학금으로만 생활해야 했기에 가정형편은 무척 어려웠다. 힘들고 가난한 현실이 오바마를 의기소침하게 만들었다. 때로 오바마는 친구들을 집으로 데려오곤 했는데, 그때마다 집 안은 지저분했고 냉장고에는 먹을 것이 없었다.

그때 한 친구가 이렇게 말했다.

"집에 먹을 만한 것도 없고, 엄마가 신경을 덜 쓰시나 봐."

이 말을 어머니가 듣고야 말았다. 친구들이 돌아간 뒤 어머니는 오바마를 불렀다.

"엄마 말 잘 들어. 지금 엄마는 혼자 아이 둘을 키우며 늦은 나이에 학교에 다니고 있어. 엄마가 얼마나 바쁘고 힘든지 잘 알 거야. 다른 엄마들처럼 간식거리로 과자를 굽는 건 기대하지 않았으면 해."

어머니는 덧붙여 말했다.

"네가 푸나호우 학교에서 좋은 교육을 받는 만큼 예의를 갖춰야 해. 네 친구들처럼 예의를 갖추지 않고 투덜거리는 행동은 용서할 수 없어. 엄마 말 알아듣겠니?"

그 일 이후로 오바마는 어머니에게 툭하면 "나가서 따로 살겠다." 고 하는 등 반항적인 모습을 보였다. 그러나 그는 어머니 혼자서 힘들게 가정을 꾸려나가는 모습을 보며 점차 어머니를 이해하기 시작했다. 그때부터 그는 자신과 또래 친구들을 비교하지 않았다. 그러자 더 이상 자신보다 형편이 나은 친구들을 보며 좌절하지 않게 되었다.

오바마는 다른 친구들에 비해 학교에서 돌아오면 할 일이 많았다. 동생을 돌보고, 빨래를 하고, 온갖 심부를 도맡아 해야 했다. 오히려 그런 환경적인 요소 때문에 오바마는 또래 친구들보다 훨씬 어른스럽게 성장할 수 있었다.

소설가 김홍신은 저서 《인생사용설명서 두 번째 이야기》를 펴낸 뒤 가진 특강에서 한국인이 행복하지 않은 이유 중의 하나로 '비교'를 꼽았다. 특히 엄친아, 엄친딸이라는 표현이 타인과 비교하게 만든다는 것이다. 그는 성형 열풍의 이유도 비교에 있다면서 남들보다 못하다는 생각이 성형 열풍의 대열에 뛰어들게 한다고 말했다.

그는 한 실험에 대해 언급했다. 1992년 바르셀로나 올림픽 당시 코넬대학 연구진들이 메달리스트들의 표정을 정밀비디오로 촬영했다. 그 결과 은메달을 딴 사람들 가운데 불행한 얼굴이 많았다. 반면에 동메달 받은 사람들은 대부분 행복한 표정이었다. 그 이유는 은메달리스트들은 좀 더 분발했으면 금메달을 땄을 거라며 아쉬움을 가졌던 반면에 동메달리스트들은 잘못했으면 시상대에도 못 올라올 뻔했다는 안도감을 느꼈기 때문이었다.

타인과 비교하는 순간 진정한 나는 사라지고 만다. 내가 있어야 할 자리에 시샘하고 질투하는 대상이 되는 사람들이 대신 자리한다. 그 결과 자신의 꿈과 목표를 향해 나아가기보다 자신보다 월등한 사람들을 보며 분노하고 저주하는 찌질이로 전락하는 것이다.

그러고 보면 과거의 나는 나보다 더 잘난 사람들과 나를 비교하지 않았던 것 같다. 20대 때 동기부여가의 꿈을 키워가고 있을 때 유명한 동기부여가들의 책을 보며 비교하기보다 건전하게 부러워했다. 그러면서 내심 '나도 꼭 유명한 동기부여가가 될 거야', '언젠가 세상이 나를 알아주는 날이 올 거야' 이런 긍정적인 생각을 갖고 묵묵히 꿈을 선명하게 그렸다. 당시 나는 나보다 뛰어난 사람들을 보며 그들은 어떻게 해서 지금처럼 성공했을까, 하는 의문을 달고 살았다. 그 의문의 답을 찾기 위해 그들에게 메일을 보내기도 했고, 그들이 쓴 책을 읽어보며 답을 찾곤 했다. 지금에 와서 보면 먼저 성공한 사람들이 아무것도 아니었던 나에게 많은 자극이 되었다는 것을 알 수 있다.

당시 나는 동기부여가의 꿈을 실현하기 위해 직장생활을 하며, 영어를 가르치며 근근이 버텨내고 있었다. 여기서 버텨내지 못한다면 동기부여가가 되는 길은 요원하다고 믿었기 때문이다. 2011년 눈 내리던 크리스마스이브 날의 서글펐던 기억이 지금도 생생하다. 그날 남들은 모두 들뜬 마음으로 즐거운 시간을 보내고 있을 때 나는 불안한 30대를 맞이해야 한다는 생각에 잠겨 있었다. 룸메이트는 인천 집으로 가족과 시간을 보내기 위해서 외출했고, 나는 혼자 우두커니 책상 앞에 앉아 있었다. 열심히 달려왔지만 아직은 크게 달라진 게 없는 나 자신이 그렇게 미웠던 적은 없었던 것 같다. 막막한 미래만이 나를 기다리고 있다는 생각에 눈물이 하염없이 흘렀었다. 나는 일용할 양식과 지친 몸을 뉠 수 있는 잠자리가 서울에 있다는 것만도 감사하며 지내 왔다. 그래서 나름대로 열심히 부지런히 뛰고 달렸었다. 오후 3시가 막 지나고 있을 무렵 전화 벨소리가 울렸다. 룸메이트였다. "와! 눈 내린다!" 수화기를 들고 바깥을 보니 하늘에 눈이 가득했다. 눈들은 쉴 새 없이 땅을 향해 사뿐사뿐 내리고 있었다. 그때 룸메이트가 서글픈 어조로 이렇게 말하는 것이었다.

"눈 내리는 크리스마스이브에 우리는 지금 이게 뭐고."

그때 나는 그녀가 나를 흉내 낸 부산 사투리에 피식 웃고 말았지만 일순간 내 처지가 더 비참하게 느껴졌다. 어쩌면 미래마저 지금 내가 서 있는 현실과 다를 바 없지는 않을까, 하는 두려움과 막막함 때문이었으리라.

그날 저녁 집에서 돌아온 룸메이트와 나는 근처 호프집에서 맥주를 마셨다. 그러면서 비록 현실에 두 발을 딛고 서 있지만 시야는 미래에 두자고 했던 기억이 난다.

지금 현실이 아무리 고단해도 절대 타인과 자신을 비교해선 안 된다. 가슴에 꿈을 품고 있는 사람은 이를 반드시 기억해야 한다. 타인과 자신의 처지를 비교하는 순간 꿈은 산산조각 나기 때문이다. 남의 후광과 비교하면 자신이 품고 있는 꿈은 보잘것없게 느껴지고 성취 가능성마저 희박해진다. 그렇게 꿈은 깨지고 잊히게 된다. 이는 대부분의 패배자들의 공통된 특징이다.

주위의 친구가 단번에 입사 시험에 통과하거나 친구가 부모님이 사 주신 승용차를 타고 다니더라도 결코 기죽지 마라. 친구가 키 크고 멋있는 남자 친구, 예쁜 여자 친구와 사귄다고 해서 좌절하지 마라. 그리고 친구가 나보다 키가 크고 예쁘고 잘생겼더라도 좌절할 필요는 없다. 인생은 공평하기 때문이다. 지금 청춘을 보내고 있는 당신은 이 말이 선뜻 이해가 가지 않을 것이다. 그러나 인생을 어느 정도 산 사람들은 인생이 결코 불공평하지 않다는 것을 잘 알고 있다. 따라서 지금 그들보다 시작이 초라하고 늦다고 해서 좌절하거나 절망해선 안 된다. 그 대신 자신이 가지고 있는 잠재력을 발휘하기 위해 화력을 집중해야 한다. 집중된 노력은 반드시 그 성과를 발휘하게 마련이다. 그리고 성과는 자아실현, 꿈 실현으로 이어진다.

세상살이는 생각처럼 어렵지 않다. 다만 자꾸만 나보다 잘나가는 타인들과 비교하기 때문에 힘들게 느껴지는 것뿐이다. 그러니 이제 그만 타인과 자신을 비교하고 자기 자신을 들여다보며 올인 해보라.

세상을 헤쳐 나가고 꿈을 이룰 사람은 그 누구도 아닌 나 자신이니까.

박성철은 저서 《희망 도토리》에서 이렇게 말한다. 그의 말에 귀 기울여보자.

"최고로 아름답다고 하는 다이아몬드도 현미경으로 살펴보면 상처투성이입니다. 삶에 있어 중요한 것은 무슨 일이 일어나느냐가 아니라 일어난 것을 어떻게 받아들이느냐 하는 것입니다. 결점으로 받아들이느냐, 결점이 아닌 장점으로 만드느냐는 당신의 선택에 달려 있습니다."

결국, 인생은 선택의 연속이다

어느 날, 두 남자와 한 여자가 뜨거운 사막지대를 걸어가고 있었다. 그러던 중 세 사람은 사막 한가운데서 방울뱀을 만났다. 걱정했던 대로 똬리를 틀고 있던 방울뱀은 순식간에 여자를 공격했다. 미처 손쓸 겨를도 없이 여자는 뱀에 물려 쓰러졌고, 방울뱀은 도망갔다. 그때 옆에 있던 두 남자는 화가 나서 뱀에 물린 여자를 놓아둔 채 뱀을 쫓아갔다. 결국 그들은 끝까지 쫓아가서 방울뱀을 잡았지만, 뱀에 물려 쓰러진 그녀는 이미 온몸에 독이 퍼져 죽어가고 있었다.

이 일화는 선택의 중요성을 보여주고 있다. 현명한 선택을 하려면 과거의 직·간접적인 경험과 상황을 제대로 읽는 지혜가 필요하다. 물론 선택에 따른 적절한 포기도 감수할 줄 알아야 한다. 두 가지 다 가질 수는 없기 때문이다. 따라서 항상 모든 선택에는 대가가 따르게 마련이다.

인생은 끊임없는 선택의 연속이다. 작게는 '오늘 무슨 옷을 입고 나갈까?', '점심은 무엇으로 해결할까?' 하는 사소한 것에서부터 '어떤 회사에 취직할까?', '어떤 배우자를 선택할까?' 하는, 미래를 좌우할 수 있는 큰 선택에 이르기까지 우리는 항상 선택의 순간을 살아가고 있다. 그리고 선택은 한 사람의 미래를 바꾸어놓고, 기업과 국가의 운명을 결정짓기도 한다. 인생은 선택의 연속이고, 어떤 마음가짐을 갖고 어떤 선택들을 하느냐에 따라서 완전히 다른 결과를 가져온다. 그래서 과거 '순간의 선택이 10년을 좌우한다'는 광고 카피가 유행했던 적도 있었다.

시인 킴벌리 커버거의 시 〈지금 알고 있는 걸 그때도 알았더라면〉의 일부다.

지금 알고 있는 걸 그때도 알았더라면

나는 분명 춤추는 법을 배웠을 것이다

내 육체를 있는 그대로 사랑했을 것이다

나와 인연을 맺은 사람들은 신뢰하고

나 역시 그들에게 신뢰받는 사람이 되었을 것이다

입맞춤을 마음껏 했을 것이다

정말로 아주 자주

늘 마음으로 더 감사하고

더 많이 행복함을 느꼈을 것이다

지금 내가 알고 있는 걸 그때도 알았더라면

우리는 시행착오를 거치면서 좀 더 지혜롭게 선택하는 방법을 배운다. 그런데 과거에 몰랐던 것을 알고 있는 지금 많은 것들이 후회스럽기만 하다. 그래서일까, 킴벌리 커버거의 〈지금 알고 있는 걸 그때도 알았더라면〉이라는 시가 더욱 가슴에 와닿는다. 분명 그랬다면 지금보다 더 행복하게 살고 있을 테니까.

지금보다 더 나은 미래를 원한다면 선택의 순간에 현명한 결단을 내려야 한다. 그런데 불행하게도 많은 사람들은 현명한 선택보다 훗날 후회하게 될 선택을 하곤 한다. 반면에 소수의 사람들은 현명한 선택으로 인해 눈부신 미래를 만들어간다.

그렇다면 이렇게 상반되는 선택을 하는 이유는 무엇일까? 세 가지를 꼽을 수 있다.

① 꿈과 목표의 부재

② 실패에 대한 두려움

③ 자의식 부족

꿈과 목표가 없는 사람은 인생에 방향이 없다. 그러다 보니 안전한 곳으로만 향하게 된다. 당연히 실패가 두렵게 느껴지고 지금 자신이 어떤 현실에 처해 있는지 자각하지 못하게 된다. 그 결과, 훗날 눈물 흘리게 될 선택을 하고 만다.

모든 선택에는 불안과 두려움과 함께 대가가 따른다. 《해리포터》 작가 조앤 롤링을 보라. 그녀는 과거 실업자에다 아이가 딸린 이혼녀였다. 당시 그녀는 정부보조금으로 생활하는 궁핍한 상황에서도 작가가 되기로 마음먹었다. 집필 장소가 없어 그녀는 딸 제시카를 안고 카페를 전전하면서 묵묵히 원고를 작성해나갔다. 그리고 우여곡절 끝에 블룸스베리라는 출판사와 원고를 계약하게 되었고, 그 원고는 《해리포터》 시리즈로 출간되었다. 책은 출간되자마자 전 세계 어린이들에게 꿈과 희망, 상상력을 심어주는 최고의 베스트셀러가 되었다. 뿐만 아니라 이 책으로 인해 그녀는 2000년 영국 여왕으로부터 작위를 받고 2001년 3월에는 버킹엄 궁에서 찰스 왕세자로부터 대영제국 훈장을 수여받기도 했다.

인생에서 가장 힘들었던 시기에 조앤 롤링은 작가의 꿈을 선택했고, 그 선택은 그녀를 영국 여왕보다도 더 부유한 억만장자로 거듭나게 했다.

탐험가, 인류학자, 다큐멘터리 제작자인 존 고다드가 있다. 그는 열다섯 살 때 우연히 방문으로 새어나오는 할머니와 숙모의 대화를 엿듣게 되었다.

"지금 생각해보면 정말 후회가 돼. 내가 젊었을 때 그것을 했더라면 좋았을 텐데……."
"정말 그래요, 그땐 왜 그렇게 새로운 일에 나서기가 두려웠는지. 젊은 사람들은 좋겠어요. 마음만 먹으면 무엇이든 다 이룰 수 있으니."

할머니의 지난날에 대한 후회가 담긴 말이었다. 그 순간 고다드는 문득 이런 생각이 들었다.

'그래, 나는 나중에 두 분과 같은 후회를 하지 않을 거야. 하고 싶은 일이 있으면 모두 도전해 이루고 말 거야.'

그의 가슴에서 무언가 뜨거운 것이 느껴졌다. 그는 잠시 생각에 잠겼다가 노란 수첩에 무언가를 적기 시작했다.

내가 이루고 싶은 꿈의 목록
〈오르고 싶은 산〉

-에베레스트 산 오르기

-아프리카 최고봉 킬리만자로 산 오르기

-일본 후지 산 오르기

〈가고 싶은 강〉

-이집트 나일 강

-남미 아마존 강

-중국의 양자 강

〈꼭 배워야 할 것〉

-비행기 조종술

-말 타기

〈꼭 해야 할 일〉

-책 한 권 쓰기

-대학 강의

-달 여행

……

……

그가 이렇게 적어 내려간 리스트는 '21세기를 맞이할 때까지 어떻게 해서든 살아 있는다'를 끝으로 무려 127개나 되었다. 그때부터 고다드는 종이에 적어놓은 꿈의 목록을 하나하나씩 행동에 옮기기 시작했다. 그 결과 열다섯 살 때 작성한 꿈의 목록 가운데 무려 111개를 성취할 수 있었다. 그리고 어른이 되어 그의 이루고 싶은 꿈의 목록은 무려 500개로 늘어나 있었다.

발레리나 강수진. 그녀는 아침 6시 30분에 기상해 한 시간가량 스트레칭을 하고 나서 극장에서 본격적인 연습을 한다. 공연이 없을 때는 저녁 6시 30분쯤에 귀가하고 공연이 잡혀 있을 시에는 밤 11시까지 연습을 한다.

"저는 다른 일은 하지 않고 오직 연습만 합니다. 어쩌다 사우나를 하는 것을 빼고는요. 제 삶은 참 단조롭습니다. 사실 전 심심한 여자입니다."

그녀는 매일 기상하면 연습을 선택했고, 그 결과 세계적인 발레리나가 될 수 있었다.

'농구 황제' 마이클 조던. 그는 중학교 때까지 야구 선수로 활약했다. 당시 그는 학교에서 최고의 선수였으며 각종 대회에서 우승컵을 휩쓸다시피 했다.

어느 날, 그는 길거리에서 농구를 하는 아이들을 보고 농구에 매료

되었다. 그리고 고민 끝에 농구 선수가 되기로 결심했다. 운동신경이 남달랐던 그는 금세 농구에 적응했고 자신의 기량을 유감없이 발휘했다. 그렇게 해서 농구 황제 마이클 조던이 탄생하게 된 것이다.

인생은 끊임없는 선택의 연속이다. 우리는 매 순간 선택의 기로에 서 있다. 그리고 우리가 하는 선택은 미래를 바꾸어놓는다. 그렇다면 어떻게 해야 좀 더 현명한, 후회하지 않을 선택을 할 수 있을까? '시간전망'을 길게 보고 선택을 해야 한다.

시간전망이란, 성공과 행복을 결정짓는 핵심 요소로 지금의 행동과 의사결정이 미래에 끼칠 영향력을 뜻한다. 쉽게 말해 과거의 시간에 머물거나 눈앞의 이익만 좇지 말고 멀리, 길게 보아야 한다는 것이다. 그래서 성공자들은 시간전망이 길수록 성공과 행복할 확률이 높아진다고 조언한다.

나는 현재 〈드림워커〉 특강과 강연에서 '시간전망'에 대한 주제를 많이 다루었다. 강연을 들은 많은 이들이 〈드림자기계발연구소〉의 '드림워커 프로그램'에 참여해 구체화하는 작업을 하고 있다. 시간전망이 길다는 건 그만큼 인생이 빅픽처가 신닝하다는 뜻이다. 내가 그리는 빅픽처만큼 우리의 행복지수는 올라간다. 항상 자신이 선택하는 것들의 시간전망을 길게 보고 선택을 해야 한다.

어떤 마음가짐을 갖고 어떤 선택들을 하느냐에 따라서 완전히 다른 결과가 빚어진다는 것을 기억하자.

기억하라, 청춘은 눈부시게 아름답다

며칠 전 〈드림워커〉 특강을 마친 뒤 사회 초년생들과 대화를 나눌 기회가 있었다. 그들은 하나같이 현실의 고충과 미래의 불안에 대해 토로했다.

"앞으로 어떻게 살아야 할지 막막해요."

"하는 일마다 꼬이고 되는 일이 없어요."

"정말 힘들게 입사에 성공했는데 막상 들어와보니 저랑 안 맞는 것 같아요."

흔히 사회 초년생들에게서 들을 수 있는 푸념이다. 그동안 부모님의 보호막 안에서 편하게만 생활했으니 힘든 것이 한두 가지가 아닐

것이다. 하지만 그들은 넘어지고 깨지면서 하나씩 알아갈 것이다. 삶은 그리 녹록지 않다는 것을, 독한 마음으로 살지 않으면 절대 성공할 수 없다는 것을.

'아프니까 청춘이다'라는 말이 있다. 인생 선배들 가운데 아프지 않은 청춘시절을 보낸 사람은 한 사람도 없다. 모두들 다양한 색깔의 좌절과 절망의 시간을 보냈다. 그런 고통의 시간을 보내면서 한층 단단해질 수 있었던 것이다. 그리고 보면 청춘시절을 어떻게 보내느냐에 그 후의 미래가 달렸다고 해도 과언이 아니다.

완벽하지 않아도, 자신감보다 두려움이 앞서도 괜찮다. 배우고, 익히고, 깨달아야 할 것들이 많은 청춘이기 때문이다. 다치바나 다카시는 저서 《청춘 표류》에서 이렇게 말한다.

"망설임과 방황은 청춘의 특징이자 특권이다. 그만큼 창피한 기억도 많고 실패도 많다. 부끄러움 없는 청춘, 실패 없는 청춘은 청춘이라 이름 할 수 없다."

실패하고, 좌절하고, 방황해도 청춘은 눈부시게 아름답다. 간절히 이루고 싶은 꿈이 있고 창조하고 싶은 미래가 있기 때문이다. 이것이 비록 현실은 힘들어도 미래는 희망차다고 여겨지는 이유다.

그러나 언제까지나 청춘일 순 없다. 여름에 무성하던 나뭇잎이 가을이 되면 낙엽이 되어 땅에 떨어지듯이 청춘도 어느새 저물고 만다. 그러기에 청춘을 살고 있는 지금 어느 때보다 뜨겁고 치열하게 살아야 한다. 지금 독하게 살지 않으면 성공은커녕 불안하고 막막한 미래를 보내게 된다.

그렇다면 독하게 살고 성공하기 위해선 어떤 자세로 살아야 할까? 답은 비교적 간단하다. 자신이 설정한 꿈과 목표를 향해 올인 하는 것이다. 물론 그 과정에서 포기하고 싶을 만큼 힘든 시간을 보내게 될 것이다. 그렇더라도 실패를 실패로 생각해선 안 된다. 실패를 성공으로 이끌어주는 이정표로 여겨야 한다. 세계 최초로 실험 비행에 성공한 라이트 형제처럼.

1903년 12월 8일, 워싱턴 포토맥 강에 수많은 사람들이 모여들었다. 당대 최고의 물리학자이자 비행가인 랭글리 박사의 역사적인 비행 실험을 보기 위해서였다. 정부의 전폭적인 지원을 받아 비행기 개발을 추진하던 랭글리 박사는 두 달 전 첫 실험 비행에서 실패를 맛보아야 했다. 그러나 그는 첫 실험의 실패로부터 얻은 데이터를 철저히 분석해 성공을 자신했다.

사람들도 부푼 기대를 안고 랭글리 박사의 실험 비행을 기다리고 있었다. 드디어 오전 10시가 되자 비행기가 하우스 보트 위에 설치한 발사대를 미끄러져 출발했다. 그러나 비행기는 포토맥 강에 그대로 추락하고 말았다. 〈워싱턴포스트〉지는 '말똥가리가 난파되었다'는 기사로 미국 과학사의 가장 참담한 실패를 꼬집었는가 하면, 〈뉴욕타임스〉지는 '사람이 하늘을 날기 위해서는 앞으로 1,000년은 족히 걸릴 것'이라고 비아냥거렸다.

랭글리 박사의 실험 비행이 실패로 끝난 지 9일 후 노스캐롤라이나의 키티호크 해변에서 자전거포를 운영하던 라이트 형제가 비행 실험을 시도했다. 12시 정각에 동네 사람 5명이 지켜보는 가운데, 형인 윌버가 59초 동안 260m를 날아가는 동력 비행을 성공시켰다. 라이트 형제의 비행이 성공하자 이를 지켜보고 있던 사람들은 자신들의 눈을 믿지 못했다. 비행 이론을 체계화한 랭글리 박사는 정부 지원으로 17년간이나 비행기 개발에 매진했는데도 실패했지만, 라이트 형제는 비행에 성공하는 데 고작 4년밖에 걸리지 않았다.

그 이유는 무엇일까? 랭글리 박사는 자신이 비행 이론을 체계화한 만큼 자만에 가득 차 있었다. 그는 비행에 실패하면 실패한 이유를 비행 이론에서 찾으려고 애썼다. 그러다 보니 결국 비행 이론에 갇히고 말았다. 반면에 라이트 형제는 비행 이론에는 전혀 지식이 없었기에 거듭 시행착오를 거치며 하나씩 수정해나갔다. 그리고 마침내 세계 최초로 비행을 성공시킬 수 있었다.

그 어떤 꿈도 포기만 하지 않으면 반드시 이루어진다. 포기하는 순간 청춘은 더 이상 청춘이 아니다. 쓸쓸한 노년과 같고 암울한 어둠과 같다. 아무리 지금 현실이 어렵고 힘들더라도 될 때까지 도전한다면 언제까지나 청춘이다. 아무리 힘든 상황에 놓였다고 하더라도 대서양에 해저 케이블을 설치한 사이러스 필드가 감내했던 시련과 역경에는 비길 것이 못된다. 그래서 나는 사이러스 필드와 같은 노력과 끈기, 도전정신만 있다면 그 어떤 불가능도 가능하게 만들 수 있다고 자신 있게 말한다.

말년에 막대한 재산으로 여생을 편안하게 보내고 있던 사이러스 필드는 어느 날, 한 가지 아디어가 떠올랐다.

'대서양 바다 밑에 유럽과 미국을 연결하는 케이블을 설치하면 어떨까?'

만약에 이 일이 성공한다면 그 경제적인 가치는 천문학적인 수준이 될 터였다. 그러나 대서양 해저에 케이블을 매설하는 일에는 천문학적인 액수의 돈이 들어가는 것은 물론 성공 여부도 불투명했다.

주위 사람들은 필드에게 해저에 케이블을 매설하는 일은 불가능하다며 강하게 반대했다. 하지만 그는 반드시 성공해 보이겠다며 일을 진척시켜나갔다. 천문학적인 자금이 필요한 만큼 모든 방법을 동원해 영국 정부로부터 자금 지원을 약속빈있나.

그러나 영국 의회에서 표결을 거친 결과 찬성표가 단 한 표에 지나지 않아 지원 약속은 물거품이 되고 말았다. 그러나 필드는 어떤 어려움이 따르더라도 반드시 대서양 해저에 케이블을 매설하는 일을 성공시키겠다고 다짐했다.

필드는 온갖 어려움에도 불구하고 케이블 매설 작업을 시작했다. 하지만 케이블 매설 작업은 8km도 진행되기도 전에 케이블이 끊어지고 말았다. 이미 일을 시작한 이상 도중에 멈출 수 없었다. 그는 공사를 재개해 약 320km까지 케이블을 매설할 수 있었다. 하지만 얼마 후 또다시 케이블이 끊어졌다.

'힘든 일일수록 성공의 크기 또한 크다'고 믿었던 필드는 다시 일을 시작했다. 그는 자비로 약 1,120km의 케이블과 최신 설비를 갖추고 최고의 전문가들을 영입해서 케이블 매설 작업을 처음부터 다시 시작했다. 그러나 안타깝게도 케이블이 약 1,120km가량 매설되었을 때 거친 파도에 의해 케이블이 또다시 끊어지고 말았다.

작업 시간이 늘어날수록 인부들의 사기가 떨어졌는가 하면, 밑 빠진 독에서 물이 빠져나가듯이 그의 막대한 재산이 줄어들고 있었다. 언론에서는 필드의 해저 케이블 사업을 조롱하며 비난했다. 엎친 데 덮친 격으로 언론 기사를 보고 그의 성공을 믿고 투자했던 사람들도 실망해 하나씩 등을 돌리기 시작했다.

그러나 그는 절대 해저 케이블 사업을 포기할 수 없었다. 오히려 세상이 실패를 확신할수록 그는 열정적으로 동업자들을 설득해 공사를 재개했다. 공사는 순조롭게 진행되었고 다행히 이번에는 케이블 매설을 성공적으로 마칠 수 있었다. 전류도 정상적으로 흐른다는 것을 확인했다. 하지만 이번에도 역시 준공을 앞두고 케이블의 전류가 끊어지는 일이 발생했다.

'하늘도 무심하시지, 어떻게 이런 일이 있을 수 있어?'

필드와 동업자들은 크게 실망하고 좌절했다. 이제 모든 사람들이 그들의 사업이 실패로 돌아갈 것이라 믿어 의심치 않았다. 그러나 여전히 필드는 포기하지만 않으면 반드시 해저 케이블을 성공적으로 매설할 수 있다고 확신했다.

그는 다시 자신의 사업에 투자해줄 사람을 찾아 나섰고 그 결과 더욱 굵고 품질이 우수한 케이블을 해저에 깔기 시작했다. 하지만 이번에도 약 960km의 뉴펀들랜드 구간에 케이블을 매설하는 과정에서 케이블이 또 끊어지고 말았다. 필드는 복구하기 위해 수차례 시도했지만 계획대로 되지 않았다. 이렇게 해서 해저 케이블 사업은 1년 동안 중단될 수밖에 없었다.

그러나 필드는 결코 포기하지 않았다. 1년 후, 그는 새로운 회사를 차리고는 공사를 다시 시작했다. 그리고 1866년 7월 13일, 마침내 꿈에 그리던 대서양 해저 케이블 매설 사업을 성공적으로 마칠 수 있었다. 그렇게 해서 미국과 런던 간 대서양 횡단 해저 케이블이 놓이게 된 것이다.

라이트 형제, 사이러스 필드는 온갖 어려움에도 불구하고 자신들의 꿈을 포기하지 않았다. 오히려 실패 속에서 더욱더 뜨거운 투지를 불태웠다. 그들이 꿈을 실현할 수 있었던 것은 운이 좋아서도 아니고, 머리가 뛰어나서도 아니다. 오로지 꿈만 보며 달려가는 행동력 때문이었다.

인생의 황금기를 보내고 있는 당신은 라이트 형제, 사이러스 필드의 독한 노력과 끈기, 도전정신으로 무장해야 한다. 가슴에 품고 있는 그 꿈은 독한 마음 없이는 절대 실현되지 않기 때문이다.

그리고 예상치 못한 시련과 역경에 깨지더라도 기억하라. 청춘은 눈부시게 아름답다는 것을.

시련과 역경이 나를 키운다

　　그동안 인생을 살아오면서 한 가지 깨달은 것이 있다. 시련은 사람을 둥글둥글하게 만든다는 것이다. 성격이 거칠고 급한 사람은 부드럽고 여유롭게 만들고 자신만 챙길 뿐 타인을 배려할 줄 모르는 사람에게는 남을 돌아볼 줄 아는 지혜를 가져다준다. 그래서 시련보다 더 나은 보약은 없다고 생각한다.

　　조너선 프랭클린의 저서 《THE 33》에서 매몰 광부 마리오 세풀베다는 이렇게 말했다.

　　"세상 사람들이 우리에게서 교훈을 얻으면 좋겠습니다. 어떻게 살아야 하는지에 대한 교훈 말이에요. 인간은 누구나 장단점이 있게 마련입니다. 우리는 장점을 키워나가는 법을 터득해야 합니다. 우리의 삶은 2분

만에 끝날 수도 있어요. 살아 있지 못하다면 금은보화가 무슨 소용이겠습니까? 저를 보세요. 저는 행복합니다. 두 달 동안 땡전 한 푼 없었지만 지금 행복해요. 이게 삶입니다."

시련은 우리에게 무엇이 가장 소중한지 깨닫게 한다. 앞으로 어떤 자세로 살아야 하는지 곰곰이 생각해보게 한다. 독일의 철학자 쿠노 피셔는 "안락은 악마를 만들고 고난은 사람을 만드는 법이다."라고 말했다.

수원에서 요양병원을 운영하고 있는 K 원장은 지금의 자신을 만든 것은 다름 아닌 시련이었다고 말한다.

"시련이 찾아오면 우리는 툴툴거리기보다 오히려 고마워해야 한다. 시련으로 인해 우리의 성장의 나이테는 한층 더 촘촘하고 단단해질 것이기 때문이다."

평범한 사람들은 시련을 부정적으로 생각하지만 성공자들은 그 반대다. 그들은 시련을 자신의 그릇을 키워주는 트레이닝으로 생각한다. 그래서 시련이 닥치면 달아나기보다 극복하기 위해 최선을 다한다. 그 과정에서 시련이 닥치기 전보다 성숙해지고 발전하게 된다.

2011년 5월 21일, 〈조선일보〉에 월급 45만 원에서 연봉 7,000만

원을 받는, 남한 생활 17년의 탈북자에 관한 기사가 실렸다. 탈북자는 국가안전기획부(현 국가정보원)에서 1년간 지내며 용접 3급기능사 자격증을 땄다. 당시 함께 교육받던 8명의 탈북자들은 정부 주선으로 대기업 사무직 일자리를 얻었지만, 그는 대우건설의 강원도 문막 현장 용접공으로 한국 생활을 시작했다.

그러나 그에게 남한 생활은 쉽지 않았다. 자주 북한에 두고 온 가족이 생각났고, 그 결과 대부분의 탈북자처럼 '어떻게 하면 단시간에 많은 돈을 벌 수 있을까' 만 궁리했다. 회사 주선으로 결혼도 했지만 가정생활은 평탄치 않았다. 문화적 차이가 엄청나 갈등이 심했기 때문이다.

그는 직장과 가정에서 받는 스트레스를 술로 풀었다. 한 달 용돈을 하루 만에 쓰고, 신용카드를 만들어 유흥비를 충당했다. 그는 아내 몰래 신용카드를 마구 썼고 불과 2년 만에 5,000만 원의 카드 빚이 생겼다. 그때 그는 아내에게 무릎을 꿇고 용서를 구하고 새롭게 살기로 결심했다.

마음을 잡고 7년간 건설 현장에서 묵묵히 용접 일을 했다. 고단한 생활이었지만 밤에는 정보처리기능사와 가스안전관리자 자격증 공부를 했다. 그는 남은 인생을 제대로 살기 위해 최선을 다해 노력했고 그 결과 그는 서울 본사로 발령이 났다. 다시 2년 만에 대리로 승진했고, 4년이 지나 과장으로 진급했다. 한 달에 45만 원을 받던 용접공은 지금 연봉 7,000만 원을 받는다.

그는 자신의 성공 비결을 이렇게 말한다.

"옛날 내가 용접공으로 일할 때 '체면을 생각하라'며 비아냥거렸던 탈북자 친구들은 대부분 직장생활에 적응하지 못해 퇴직했다. 한국에서는 인내하며 꾸준히 노력하면 반드시 열매를 맺는다는 교훈을 얻었다."

살다 보면 뜻하지 않게 인생에서 가장 힘든 시간이 찾아온다. 그 힘든 시간을 통과하는 동안 모든 것을 내려놓고 싶은 유혹에 시달리기도 한다. 칠레 산호세 광산 매몰 광부들 가운데 스물일곱 번째로 구출된, 전 칠레 국가대표 축구 선수인 프랭클린 로보스 역시 그랬다. 그는 산호세 광산의 공식 운전기사로 성실하고 명랑하게 셔틀 트럭을 운전하는 일을 하고 있었다. 그는 자신에게 지옥 같은 현실이 일어날 줄은 꿈에도 몰랐다. 매몰 69일 만에 구출된 그는 "내 인생에서 가장 힘든 경기였다."라고 말한 바 있다.

대부분의 사람들이 그렇듯이 한때 칠레의 전설적인 축구 스타로 활약했던 프랭클린 로보스 역시 과거에는 잘나갔다. 칠레 북부에서 신적인 존재였던 그가 프리킥을 하는 순간이면 축구장 전체가 흥분에 휩싸이곤 했다. 그러나 그의 화려했던 전성기는 얼마 못 가 빛이 바래고 말았다. 칠레에서 축구 스타의 평균 활동 기간은 10년 남짓이기 때문이다. 서른 중반에 축구 스타에서 물러난 그는 택시 운전을 하다 대학에 들어간 두 딸을 위해 산호세 구리 광산에서 일하게 되었다. 그렇게 그는 가족을 위해 700m 지하에서 희망을 캐다가 한순간에 동료들과 매몰되고 말았다. 그때부터 그의 인생에서 가장 힘든 경기가 시작되었다. 음식이 한정되어 있던 탓에 갈수록 기력이 떨어지고 마음속에서는 한 가지 생각이 자라나기 시작했다. '과연 우리가 여기서 나가게 될까?' 그러나 그는 끝까지 희망을 포기하지 않았다. 지상에서 자신을 구조하기 위해 동분서주하고 있는 사람들을 믿고 의지했다. 포기하고 싶은 생각이 들수록 자신을 믿고 의지했다.

두 번째로 구출된 마리오 세풀베다의 말이다.

"[땅 밑에서] 하나님과 함께 있었다. 악마도 함께 있었다. 그들은 싸웠고, 하나님이 이겼다. 나는 하나님의 손을 잡았다. 구조될 것을 확신했다. 인생의 교훈도 아주 많이 배웠다. 당신의 아내나 남편을 부를 수 있다면 지금 부르라."

동료들에게 '좋은 놈', '미친 놈'이라는 별명으로 불리던 세풀베다. 작은 키에 머리기 빗겨진 그는 패기만만하고 육체노동을 사랑하는 일벌레로 통했다. 그는 항상 활동적인 데다 긍정적인 마음가짐으로 동료들의 눈과 귀를 사로잡았다. 하지만 그 역시 죽을지 모른다는 절망 앞에서 한없이 무너져 내렸다.

광부들이 땅 밑에서 절망할 때 땅 위에서는 광부들이 죽었다는 소문이 번지기 시작했다. 실낱같은 희망의 끈을 놓지 않고 있던 세풀베다의 아내 발디비아는 당시를 이렇게 회상했다.

"사람들이 사방에서 뛰어다니며 울부짖고 있었습니다. 제 아들도 울기 시작했고, 저는 아이를 달래려고 애써야 했습니다. 정말 힘겨운 순간이었죠. 잠을 잘 수가 없었습니다. 저 자신에게 물었습니다. '왜 나지? 왜냐고? 어째서 이런 일이 우리에게 벌어진 거야?'"

누구나 시련 앞에서는 한없이 작아지고 무너져 내린다. 그러나 아무리 절망적이고 절박한 상황이라도 희망의 지푸라기를 놓아선 안 된다. 그 실낱같은 희망이야말로 기적을 창조하는 씨앗이기 때문이다.

시련이라고 해서 무조건 나쁜 것만은 아니다. 시련을 통해 더욱 단단해지고 성숙해지기 때문이다. 무엇보다 인생의 교훈에 대해 배우게 된다.

마리오 세풀베다의 말이 떠오른다.

"인생은 짧다. 일순간에 그것을 잃을 수 있다. 돈 걱정은 하지 말고 매 순간 최선을 다해 인생을 살아라."

그렇다. 인생길을 걷다 보면 우리는 어느 순간 늪에 빠지게 된다. 허우적거릴수록 더욱 깊이 빠져드는 늪에 빠져 쥐고 있던 희망의 고삐를 놓아버리곤 한다. 그러나 아무리 힘든 순간이 찾아와도 인생의 경기를 포기해선 안 된다. 오히려 승리하기 위해 최선을 다해야 한다. 기적은 희망의 끈을 붙잡고 노력하는 사람에게 일어나는 법이기 때문이다.

미국의 소설가 아서 골든은 이렇게 말했다.

"역경은 세찬 바람과 같다. 역경은 찢어질 수 없는 것을 제외한 거의 모든 것을 우리들로부터 빼앗아가버린다. 그 결과 우리는 우리 자신이 진정으로 누구인가를 알아차리게 된다."

때로 따뜻하고 행복한 날들 가운데 지옥 같은 시련에 처해보아야 한다. 그래야 진정한 '나'를 발견할 수 있다. 자신의 내면에 어떤 잠재적인 능력이 있는지 자각하게 된다. 그리고 그 발견이 진짜 인생을 살아가게 이끌어준다.

어느 책에서 읽은 글귀가 생각난다.

"고난 속에서도 희망을 가진 사람은 행복의 주인공이 되고, 고난에 굴복하고 희망을 품지 못하는 사람은 비극의 주인공이 됩니다."

시련과 역경 속에서도 희망을 가지고 살아야 한다. 아무리 깜깜한 동굴에 갇혀도 자신을 믿고 희망을 잃지 않는다면 반드시 헤쳐 나갈 수 있다. 그때 인생은 회색빛 절망에서 장밋빛 희망으로 채색된다.

내 꿈은 아직도 현재 진행형이다

청춘시절, 나는 누구보다 힘들게 살았다. 당시 내가 가졌던 꿈은 현실과는 거리가 너무나 먼 것들이었다.

'베스트셀러 작가'

'성공학 동기부여가'

'TV 출연하기'

'사인회를 열기'

나는 서울에서 꿈을 이룰 때까지 버티고 또 버텼다. 그렇게 나는 오늘에 이르렀다. 20대 시절의 나는 모든 것이 부족하고, 외롭고, 고통스러웠지만 꿈을 향한 확신만은 강했다는 생각이 든다. 남들이 내 꿈이 실현 불가능하다고 말하면 나는 마음속으로 수십 번 가능하다고 외쳤다. 그렇게 꿈을 향한 신념을 강화시켰고 마침내 당시 가졌던 꿈들을 모두 이루었다.

'경영학의 아버지' 피터 드러커. 아흔다섯 살의 나이로 세상을 떠나는 날까지 집필과 강연, 컨설팅을 하며 왕성하게 활동했던 그는 암울했던 젊은 시절을 보내야 했다. 확고한 꿈이 없었던 그는 부모님의 권유로 독일 함부르크대학의 법학과에 입학했다. 그러나 대학 공부에 관심이 없었던 그는 면제품 수출회사의 견습공으로 일하며 하루하루 시간을 때웠다.

오페라를 좋아했던 그는 비싼 입장표를 살 형편이 되지 않아 대학생에게 제공되는 무료 공연을 관람하곤 했다. 어느 날 그는 우연히 이탈리아의 위대한 작곡가 주세페 베르디의 오페라 〈폴스타프〉를 관람하게 되었다. 음악적 소양이 있었던 그는 그 후로 베르디의 오페라에 푹 빠지게 되었고, 그 후 그는 작곡가에 대해 관심을 가지게 되었다.

하루는 베르디에 관한 일화를 전해 듣게 되었다. 한 기자가 베르디에게 고령의 나이에도 불구하고 왜 힘든 오페라 작곡을 계속하느냐고 물었다. 그러자 그는 이렇게 답했다.

"음악가로서 나는 일생 동안 완벽을 추구해 왔다. 완벽하게 작곡하려고 애썼다. 하지만 하나의 작품이 완성될 때마다 늘 아쉬움이 남았다. 때문에 나에게는 분명 한 번 더 도전해볼 의무가 있다고 생각한다."

피터 드러커는 베르디의 말을 평생 가슴에 새기며 도전하는 삶을 살아가기로 결심했다.

그는 저서 《프로페셔널의 조건》에서 이렇게 말했다.

"나는 내가 앞으로 무엇을 하든지 간에 베르디의 그 교훈을 인생의 길잡이로 삼겠다고 결심했다. 나이를 먹더라도 포기하지 않고 계속 정진하리라고 굳게 마음먹었다. 살아가는 동안 완벽은 언제나 나를 피해갈 테지만, 그렇지만 나는 또한 언제나 완벽을 추구하리라고 다짐했다."

과거의 나 역시 피터 드러커처럼 어떤 일을 하든지 최선을 다하겠다고 다짐했다. 최선을 다해 노력하고, 도전했다. 그 과정에서 실패하고, 좌절하고, 절망했지만 금세 툴툴 털고 일어나 다시 시작했다. 내가 동기부여가가 되고 책을 쓰는 작가가 된 것은 독한 마음 없이는 결코 어떤 일도 해낼 수 없다는 생각과 꿈은 반드시 실현된다는 확고한 믿음이 있었기 때문이다.

온갖 어려움 끝에 나는 작가가 되었고, 동기부여가가 되었다. 20대 시절에 품었던 꿈들은 모두 실현되었다. 그렇다고 해서 현실에 안주하지는 않는다. 하나의 꿈이 실현되면 또 다른 꿈이 다가오기 때문이다. 그렇다. 지금 나는 꿈 너머 꿈을 향해 다시 고군분투하고 있다.

성공자들의 꿈은 계속 진화하고 있다. 그들은 현재의 꿈을 실현했다고 해서 인생을 편하게 살지 않는다. 마이크로소프트 사 명예 회장인 빌 게이츠와 미국의 5대 갑부로 전설적인 투자의 귀재 워런 버핏을 보라. 그들이 지금 어떻게 살고 있는가? 누구보다 바쁘게, 치열하게 살고 있다. 그것은 그들이 부를 더 축적하기 위해서, 유명해지기 위해서일까? 그렇지 않다. 또 다른 꿈들이 있기 때문이다. 그 꿈들을 이루기 위해 분투하는 것이다. 과거 빌 게이츠의 꿈은 '전 세계 가정에 개인용 컴퓨터를 보급하겠다'는 것이었다. 당시 그의 꿈은 너무나 이상적이어서 사람들의 비웃음거리가 되었다. 당시의 기술로는 냉장고보다 큰 사이즈의 개인용 컴퓨터를 만들 수 있을 뿐이었기 때문이다. 게다가 가격도 엄청났기 때문에 일반 가정에서 컴퓨터를 사용한다는 것은 꿈에서나 가능한 일이었다.

그러나 그의 꿈은 1980년대에 실현되었다. IBM의 하청을 받아 MS-DOS를 개발한 그를 통해 IBM은 퍼스널 컴퓨터를 다음 해 8월에 발매했고, 그럼으로써 개인용 컴퓨터 시장이 들어섰기 때문이다. 자신의 꿈을 실현한 그는 현재 빌 앤 멀린다 게이츠 재단을 통해 또 다른 꿈인 자선사업을 펼치며 행복한 나날을 보내고 있다.

이나모리 가즈오는 저서 《좌절하지 않는 한 꿈은 이루어진다》에서 이렇게 조언한다.

"인생이란 시련의 연속이며 우여곡절도 많고 어떤 일이 일어날지 알 수가 없다. 주위 사람들 모두가 부러워할 만한 행운을 만날 때도 있고, 예상치 못한 실패나 시련을 겪기도 한다. 그러나 분명한 것은 인생의 명암을 가르는 것은 행운이나 불운에 달려 있지 않다는 것이다. 모든 것은 마음먹기에 달렸다. 어렵고 힘들다고 희망을 잃어서는 안 된다."

꿈이 있는 사람보다 멋있고 아름다운 사람은 없다. 꿈을 실현하기 위해 고군분투하는 모습에서 강한 열정을 느낄 수 있기 때문이다. 성공자들이 꿈 너머 꿈을 향해 나아가듯이 나 역시 현재 또 다른 꿈을 향해 매진하고 있다. 지금도 나는 새벽 5시에 일어나 글을 쓰는 등 치열하게 산다. 그리고 틈틈이 내가 꿈꾸는 것들을 생생하게 상상하며 꿈들을 끌어당기고 있다.

꿈은 나에게 있어 생명의 은인이다. 내가 간절하게 이루어야 할 꿈들이 없었다면 어쩌면 나는 비참하고 고통스러웠던 20대 시절 극단적인 선택을 했거나 존재감 없는 일을 하며, 세상과 부모를 탓하며 살았을지도 모른다. 만일 그랬다면 지금처럼 동기부여 강연을 하고 스타벅스에서 글을 쓰는 일들은 없었을 것이다.

나는 꿈이 좋다. 나에게 있어 꿈은 연인이고 전부다. 어쩌면 지금 내가 결혼을 하지 않고 열정적으로 사는 것은 실현해야 할 꿈들이 있기 때문일 것이다.

내 꿈은 현재 진행형이다.

'미국 살림의 여왕' 마사 스튜어트는 이렇게 말했다.

"한 사람에게 모든 것을 바치는 연애를 하듯 일에도 뜨거운 열정을 바쳐라. 나는 삶과 사업에 똑같은 열정의 자세로 임한다. 한마디로 나의 삶이 곧 일이고 일이 곧 삶이다. 열심히 경청하고 매일 새로운 것을 배우는 최고의 전문가로 거듭나야 한다."

1톤의 생각보다
1그램의 행동이 필요한 사람들을 위한

미친 꿈에 도전하라

초판 1쇄 발행 2013년 11월 25일
초판 6쇄 발행 2014년 09월 25일

지은이 권동희

펴낸이 이승용
펴낸곳 위닝북스
기 획 허진아, 고경수
편 집 룬미디너, 홍석원, 심정희
교정교열 우정민
마케팅 이경진, 김용준
사진작가 김성민

출판등록 제312-2012-000040호
주소 서울시 서초구 태봉로2가 60 311-803
전화 070-4024-7286
이메일 winningbooks@naver.com

2013ⓒ위닝북스(저작권자와 맺은 특약에 따라 검인을 생략합니다)
ISBN 979-11-85421-00-1   03320

위닝북스는 독자 여러분의 책에 관한 아이디어와 원고 투고를 설레는 마음으로 기다리고 있습니다. 책으로
엮기를 원하는 아이디어가 있으신 분은 이메일 winningbooks@naver.com로 간단한 개요의 취지, 연락
처 등을 보내주세요.
망설이지 말고 문을 두드리세요. 꿈이 이루어집니다.